InnSæi

Heal, revive and reset
with the Icelandic art of intuition

覺察你的內在海洋

來自冰島的人生哲學，帶領你提升直覺，療癒並重啟自己

HRUND GUNNSTEINSDÓTTIR
溫德・根斯坦朵提——著　蔡孟璇——譯

我將這本書獻給我的女兒蘭恩（Rán）和席芙（Sif），

以及年輕的世代。

也獻給身為讀者的你，無論你是誰。

——這本書是為你而寫的。

我希望你能享受沉浸在InnSæi的世界裡，

我想，那是一個非常美好的所在。

要勇敢，讓心胸保持開放。

各界好評

「這份美麗的邀約，讓我們重新連結上在每個人與每個人內在之間流動的生命網絡。」

——凱特・拉沃斯（Kate Raworth），經濟學家及《甜甜圈經濟學》作者（今周刊出版）

「溫德的文筆優美，利用她的個人經歷，清晰地闡述了冰島的 InnSæi 藝術——即『我們內心的海洋』。這本書完美地捕捉了我們如何需要透過簡單但定期的練習來重新發現我們周圍的世界，並加深我們對地球的歸屬感和連結。很棒的一本書。」

——湯姆・里維特-卡納克（Tom Rivett-Carnac），Global Optimism 創始合夥人及《我們可以選擇的未來》合著者（天下文化出版）

「溫德的著作著實是送給世界的一份禮物。我感謝她寫下這本書。這是一部實用指南，教你如何在日趨紛亂的世界中成為最好的自己，並懷抱著使命與真誠的心領導前行。」

——艾瑪・斯凱（Emma Sky）OBE，耶魯國際領導力中心（Yale's International Leadership Center）創始董事

「《覺察你的內在海洋》這本書和其概念，是當今世界所渴望的。」

——艾波・瑞妮（April Rinne），《變動思維：如何駕馭不穩定的未來，在變局中發展個人、組織、家庭、企業的新腳本》作者（遠流出版）

「《覺察你的內在海洋》提供我們一個指南針、立足點與架構，它們是每個人都需要而且每個人都能夠掌握的，沒有例外。」

——安珠拉・米亞・辛格・貝斯博士殿下（HRH Dr. Anjhula Mya Singh Bais），國際特赦組織（Amnesty International）國際理事會主席

「《覺察你的內在海洋》饒富詩意又實用，它是一座裝滿洞見、啓發與練習的寶庫，能幫助你以不同的方式去思考、感受與存在。」

——吉瑪・莫滕森（Gemma Mortensen），「新星座」（New Constellations）聯合創辦人

「富有深度又實用，觀察入微，而且文字優美。」

——琳賽・萊文（Lindsay Levin），「領導者探索」（Leaders' Quest）創辦人及TED倒數計時計畫（TED Countdown）成員

目錄
CONTENTS

InnSæi概說

這本書是一封情書，一首頌歌，獻給存在於我們內在深處那個壯麗、複雜，難以理解卻又迷人的世界——我們的InnSæi，意思是我們內在的「那片海洋」。它探索的是我們如何讓自己優雅地沉浸在這個內在世界，讓自己感覺獲得新生，並與周遭世界重新連結起來。本書所根據的信念是：我們越是能以強大的內在羅盤來順應我們的InnSæi（譯註：因本詞彙具有多層次的意思，本書保留原冰島字，避免過度簡化，破壞其豐富的意象。可勉強譯為：直覺、直覺智慧、內在直覺、心靈靈感、心海智慧等），人生導航，就越能成為我們外在那個美麗且寬容之世界的一部分。正如行星科學家和天文學家卡爾．沙根（Carl Sagan）所說：「宇宙也存在於我們內在。我們是由星塵組成的，我們就是宇宙認識自己的一種方式。」我們於內在、於靈魂之中所發現的，都會投射到我們周圍的世界。

我熱愛文字的魔力，喜歡它幫助我們理解事物的方式。InnSæi，這個意思為「直覺」的冰島詞彙，詩意地捕捉了我們內在世界的本質。它有三種含義：「內在之海」、「向內看」，以及「由內向外看」。「內在之海」象徵著動態流動；這個內在世界不能被限制在框架之中，否則它便會停止流動。「向內看」意味著對自己有充分的認識，能夠設身處地同理他人立場，不斷建立讓自己再生的連結。最後，「由內向外看」則代表一個強大的內在羅盤，讓你能夠在變化不斷的人生海洋中獲得導航，開創出屬於自己的道路。

InnSæi是一個含有水元素的詞，因此

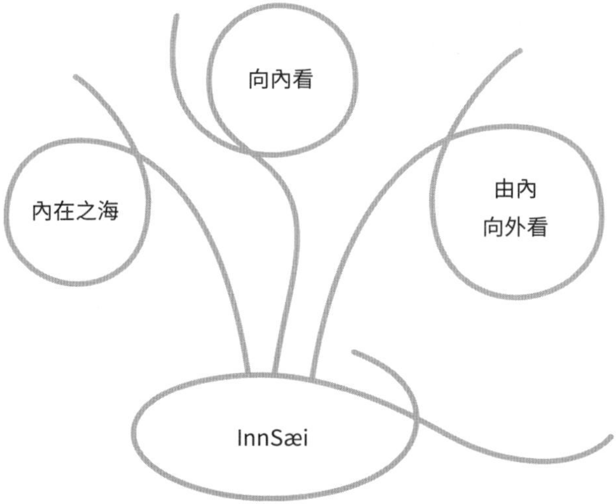

這是一本充滿水元素的書。本書談及了海洋、浮冰、水下探索、指南針、訊息的流動以及樹木中汁液的上升。書中引用了自然界複雜生態系統中的許多奇妙功能，及其最微小生物的行為。InnSæi和直覺的世界大體上是無形、無邊際的，因此，可能難以用定量的科學研究來衡量和量化，但是這並不會因此而降低我們必須承認、讚美和親近它的重要性。InnSæi所遵循的邏輯不同於理性、具體、有意識、解決問題等可輕易複製並教導的標準方法。本書展現了InnSæi的智慧如何透過整個身體表達出來：包括皮膚、脊椎、神經系統、大腦、心臟、腸道和感官。在你閱讀本書的過程中，你會經常被提醒萬事萬物是如何相互連結的，我們的主要組成成分是和星星相同的物質，而且近年來在人類遺傳學、腦波檢測以及我們身體的電磁場領域的科學研究發現，你我之間的邊界其實並不清楚。人類和地球都有我們不能跨越的界限，否則我們的再生能力將受到威脅。InnSæi含納了這一切，當我們與InnSæi深度相連時，我們將能具體展現出對自我和對世界的理解，而這會改變我們的行為和我們處世的態度。

過去我並未真正認識InnSæi，一直到我追隨夢想進入廣闊的世界，崩潰、失去希望並經歷了巨大的痛苦，才找到一條通往療癒和重新發現自我的道路。在我最黑暗的時刻，也就是我二十多歲接近三十歲的時候，我根本沒想過這種痛苦會帶領我到一些地方，遇見最了不起的人，也無法預見我會創立一個大學課程，而且根據InnSæi理念拍攝的紀錄片會在全球上映。我更無法想像魯保羅（RuPaul）會在推特上分享我們的電影《InnSæi：內在之海》（在北美地區的副標題為「直覺的力量」），人們把InnSæi刺青在身上，或是受到內在之海的啟發而創作出精彩的藝術作品。

本書內容跨越了數個世紀，透過讚揚並探索內在世界來重新發現我們周遭的世界。書中囊括了來自世界各地的個人故事，包括我自己的，並融合了來自不同文化、科學和藝術領域的智慧。

如果我們忽視InnSæi或試圖讓它噤聲，它可能會進入休眠狀態，但我們的生命卻必須仰賴與它的連結。當我們順應InnSæi，我們便能活化它。我的故事，那個關於身心達到極限與失去希望的故事，絕非獨一無二的，而是來自各行各業許多人的共同經歷。曾有一段時間，我覺得周遭的一切都很不實在，生活無比艱辛、孤獨、黑暗、毫無希望。最終，我找回了自我，深入內在，找到了自己最真實的安全所在。我學會透過身體鍛鍊，透過探索科學、哲學、文學、古老智慧、寫作以及簡單而持續的練習，與自己內在的宇宙連結起來，並悠遊其中。

過去的二十年裡，InnSai帶給我勇氣，讓我能跟隨著內在的羅盤前往任何想去的地方，對此我深深感激。目前為止，我在職業生涯中擔任過近三十種不同角色。我當過電影製片人、顧問、詩人、統計學家、校長、劇作家、企業家、活動家、夢想家、藝術總監、總經理、創辦人、董事會主席等等。但我唯一真正認同的角色只有做自己，溫德，一個內心是藝術家的人、一個夢想家、一個能將想法化為現實的人。我也樂於說自己是個治療師、光明戰士或魔法師，這取決於我當天的感受——這樣的說法感覺自由多了。看世界的方式有很多種，這本書就是我看待世界的方式。

本書要獻給那些想要探索並有意識地存在於內在世界的人，藉此，我們能強化自己的歸屬感，以及我們與自己、他人以及地球之間的關係。

第1章〈InnSai是什麼?〉檢視的是我們根據學派、文化和學科的不同，對直覺有何不同的定義。我們會探索InnSai的文化起源，它的真正含義，模糊或阻礙它的東西，以及為何與它的連結成了我重新找到方向的聖杯。我會分享自己生活和成長過程中的一些時刻，透過來自不同背景的人們的故事和個人旅程，更深入地了解InnSæi。我們發現，奠基於經驗與專業的InnSæi，能釋放出人類的最高智慧。原來，只要我們真正將一個詞彙的意義體現在生活中，它就能以一種全新的方式為我們打開全世界。InnSæi透過我們全身的每個部位接收訊息，因此這一章還提醒我們，可以藉由各式各樣的方式來關注這個世界，並讓我們準備好運用書中提供的工具、建議和練習。

在第2章〈InnSæi的療癒力量〉中，我們將探索與InnSæi失去連結並在最終重新找回它意味著什麼。我們每個人在生命中都會經歷創傷，無論我們面臨的考驗是大或小，這些經歷都是**我們的**經歷，而且塑造了我們。本章告訴我們如何從痛苦的經歷中走出來，成為一個更堅強、更有慈悲心、更有智慧的人。我分享了自己的故事，敘述黑暗如何強迫我與內在連結起來，因為我沒有別的路可走了。我花了一段時間才爬出黑暗的泥沼，當時我不確定自己走出來之後的狀態會是僅僅存在著，還是會活得充滿生氣。

我們可以透過伊南娜（Inanna）的神話故事與痛苦做朋友，這位掌管生命與死亡的古代美索不達米亞女神教導我們如何讓痛苦深化我們的人性，幫助我們變得更有智慧。以冰川作為比喻，我們的痛苦若非被凍結在內心，就是在我們承認它、寬恕它並放下它的時候，融化並蒸發。重新連結上InnSai改變了我關注事物的方式，幫助我做出改變人生的決定。它幫助我明白，當我們將世界解讀為支離破碎的、官僚的、孤立而各自為政的，這就是它開始呈現給我們的樣子。與其停留在這樣一個分裂的世界裡，我更希望重新與內在連結起來，融入我周圍的人與世界中，處於當下，擁有勇敢且寬容的心靈。本章還涵蓋了那些從經驗中領悟到自己就是自己的治療師的人所提供的洞見；我們越是能與內在連結並治癒我們的內心世界，就越能夠與周遭世界產生聯繫並獲得成就。

在第3章〈內在之海〉，我們將潛入那無邊無際的動態內心世界，它持續在流動，幫助我們建立新的連結。海洋是意識的最古老象徵，雖然我們對這兩者的認識都十分有限，它們卻有許多共同點，能幫助我們解釋內在之海的運作方式，以及如何以最好的方式挖掘並運用它。有時，活化並順應InnSai的最佳方式就是讓自己完全沉浸在一個活動中，讓自己忘記時間和空間，進入一種流動狀態。

我們生活的世界是複雜且瞬息萬變的，是非線性的，而且從象徵上來說，它與覆蓋地球百分之七十表面的海洋有許多共同點。不確定性是唯一的常態，潮汐與海浪的不可預測性，挑戰著我們要有意識地選擇去向何處，以及如何抵達。要駕馭生活之海的最佳方式，就是熟悉我們內在的海洋。我們的頭必須保持在水面上，避免溺水；接著我們必須決定要走向哪個方向。自我覺察和情緒智商十分重要，這兩者不僅能幫助我們建立良好的人我關係，還能讓我們接觸到自己的InnSæi。情緒（emotion）的英文字意思是「攪動、移動或擾動」。讓海洋攪動、移動並擾動你，但不要讓它淹沒你。不要**成為**海洋——而是要學會**駕馭**它。我們需要導航技能，但我們的導航根據的應該是內在的指南針，否則我們可能會筋疲力竭、迷失方向，甚至感到心力交瘁，最終活在他人的價值觀中，而非自己的。

最後兩章解釋了如何駕馭InnSæi，並將它付諸實踐。在第4章〈向內看〉，我們會聚焦於內心世界，探索它那美麗但時而混亂的景觀，學習如何看透我們內外的多重濾鏡，包括那些可能阻礙並扭曲我們與InnSæi連結的恐懼、願望與偏見。我們會繼續深入對注意力的了解，認識它如何為我們提供了一個通往InnSæi的入口，以及如何扮演發射台的角色，讓我們從內在啟動思維模式的革命性轉變（paradigm shift）。本章將我們的注意力視為一個在價值數兆美元的市場中極為稀缺的珍貴商品。我們務必要清楚覺察並掌控自己關注世界的方式，因為我們的印象會影響我們的InnSæi，否則市場力量會劫持我們的注意力，扭曲我們的感知、思維和行動。本章列出了我們可以選擇關注世界的不同方式，並提供五個儀式，幫助我們清理通往InnSæi的道路，讓我們更有意識地充分掌握它，激發我們的創造能力，並向周遭世界敞開心扉。

最後，第5章〈由內向外看〉整合了前幾章所討論的內容，提出一個幫助我們在日常生活中實踐InnSæi的架構。我將這個現代導航工具稱為「兩種節奏與一個強大的內在羅盤」。人類的精神擁有自己的循環系統，它需要不斷更新和進化。我們也知道，InnSæi能夠具體化，它有自己的節奏起伏。我們將這些自然的節奏駕馭得越好，就越有創造力、越明智、越踏實。

因此，在本章中，我們會探索如何在兩種看似對立之節奏的相互作用下運作，亦即創造相對於理性，直覺相對於分析，主觀經驗和感知相對於計算、計畫和組織。我們試圖平衡這兩種節奏，以激發出我們的最高智慧、身心健康、想像力與慈悲心。「兩種節奏與一個強大的內在羅盤」讓我們能夠與動態的InnSæi保持一致，並強化它，使我們的能量與精神都得以再生，當我們航行在生活的海洋中，無論海面是狂風暴雨抑或是平靜無波，都能保持心靈的開放。本章進一步深入探討如何將流動狀態融入日常生活，並探索懷抱敬畏之心在改變思維模式，變得更寬容、更具有創造力與更仁慈方面有多麼重要。

我們這一代人正面臨著巨大的挑戰，而這個現象不僅違抗了人為邊界和各種獨立運作的領域，甚至更威脅到我們在地球上的生存。我們從未像現在這樣如此需要創造力、同理心、包容心和開放心態等這些人類的超能力。我們也從未像現在這樣，需要無數人展現出鮮活生動的想像力，去為所有人創造出一個永續的未來。這些超能力正遭受威脅，而威脅它的是現代社會對理性思考與演算法的過度強調、不間斷的資訊轟炸、分心與不安全感，以及日益惡化的過勞、焦慮與壓力等等。若想擁有一個更光明的未來，我們唯一的希望就是調整我們的重心，從內心開始，與其他生命和自然世界重新連結起來。

有些人認為自己屬於這個世界，有些人則認為這個世界屬於自己，然而這個世界早在我們之前就已經存在許久，我們必須避免讓自己的力量凌駕了智慧與我們的持續生存。我們現今所能運用的科技與科學工程技術，曾經一度是遠遠超乎我們想像的，但我們需要重新找回內外世界之間的寶貴平衡，以及我們與自然之間的存在性連結。

我們往往容易依賴並仰慕外在事物，然而，我們越是依賴外在事物，就越容易活在頭腦裡，無法成為一個完整的人。我們必須記住，科技和科學只是達成目標的手段，而這個目標應該是生機勃勃的生態系統與蓬勃發展的生命（包括人類）。如果我們失去了與自然世界的聯繫，我們就不再能獲得靈感，而僅僅只是存在著，滿不在乎。那就是為何用心了解InnSæi是如此重要的原因，它能照亮我們，讓我們從混亂之中創造出一個宇宙，找到我們靈魂的頻率。

InnSæi幫助我們冒險進入未知空間，本著古老玻里尼西亞航海家的精神，去看見我們平常無法看到的，去聽見我們平常無法聽見的。我之所以撰寫這本書，是因為我相信InnSæi就是當今世界迫切需要的超能力，在這個世界裡，我們對自己有著諸多要求，生活步調極其快速，充滿緊張與壓力，而且依照我們賴以為家的這個星球的現狀來看，未來如何發展完全無法預測。地球與人類都希求一個截然不同、更人性化且以生態為中心（而非以自我為中心）的指南針，來引領我們航向未來。我們想要在世上看見的改變，必須從我們自己開始。系統本身是沒有意識的，只有個人和群體能創造出真正的改變。我相信InnSæi能成為一股驅動力，為個人與集體創造出一個更繁榮的世界、更加幸福安康的人生。

InnSæi的藝術鼓勵你陶醉在美妙的內在世界，讓它為你打開周圍的世界。

第 1 章

InnSæi 是什麼？

直覺是每個人內在都擁有的一座龐大圖書館。
我們有能力去運用這座圖書館，並且熟知它要傳達的訊息。
我們是否要利用這些資訊來做出最有智慧的決定，
而非僅是最機靈的決定？

——丹尼爾・夏皮羅（Daniel Shapiro）
在紀錄片《InnSæi》中的發言

直覺，或稱InnSæi，是我找回自我這趟旅程的關鍵，我從此走進外面的世界，在其中得到歸屬感、連結感與契合感。雖然InnSæi存在於每個人內在，但你會驚訝地發現，根據我們語言、學科與學派的不同，我們對它的看法也大相逕庭。

《劍橋詞典》將直覺定義為「基於感覺而非事實去立即理解或知道一件事的能力」。這就是知道一件事是對的或不對勁的感覺，這種感覺我們應該都很熟悉，它就是我們所有人都體驗過的「直覺」或「本能」。麥爾坎・葛拉威爾（Malcom Gladwell）在他的著作《決斷2秒間》（*Blink*, 2005）裡稱之為「不假思索的力量」。

近年來，關於直覺的研究與文章不斷增加，興起了眾多不同的觀點和理論。有一些研究者將直覺視為一種心理和靈性概念，認為它指的是一種與生俱來的、無意識的智慧。另一頭的極端則認為，直覺是通往天才智力的關鍵，或相反地，是一種我們不應依賴的非理性衝動。

經過多年針對直覺所做的個人探索、研究、練習，以及在世界各地主要以英語進行的對話，我終於看見了冰島語中的直覺這個詞InnSæi，那感覺彷彿我第一次看見它。我終於能夠**體現**其意義，所有的事情頓時豁然開朗。InnSæi是一個詩意的詞語，植基於自然的力量。它描述的是一種深層的、與生俱來的直覺感，能將我們與自己、他人和周遭世界連結起來。解釋這個世界的方式有很多種，本書要探討的是如何透過InnSæi的視角來理解世界。

* **順應／契合**（alignment）是指當你的身、心和靈都保持同步，以及當你傾聽並理解你的InnSæi時。
* 你感到自己穩固踏實，並以內在的羅盤作為導引。
* 順應或契合的狀態使你能夠輕鬆行事，它本身就可以成為一個目標。
* 如果你與某個角色、任務或旅程互相契合，感覺會像是一切都在按照應有的方式來開展。

寫日記

隨身攜帶一本日記。在閱讀本書並嘗試各種練習時，你會需要用上它，並回味其中的內容。

InnSæi的三重意義

現代冰島語源自古諾斯語（old Norse），也就是維京人所使用的語言。雖然冰島語和其他語言一樣會隨著時間演變，但現代冰島語的使用者仍能閱讀十二和十三世紀所撰寫的最古老保存文本。在冰島語裡，我們不採用外來語（例如computer〔電腦〕或smartphon〔智慧手機〕），我們不會像有些語言一樣，用冰島語的發音去創造相對應的詞彙，我們的做法是為新的概念或技術創造新詞，而這些新詞通常會描述該事物或概念的功能。例如，冰島語中的「電腦」一詞為tölva，這個詞是由冰島學者、作家兼大使西居爾杜爾·

諾達爾（Sigurður Nordal）於一九六五年創造的，結合了tala（意思是「數字」）和völva（意思是「女預言家」）。在古諾斯語和冰島語中，völva是一位女性薩滿或先知——一位能預見未來的女性，這位女性先知在北歐神話中屢次出現。「冰島語因此是一種相對透明的語言，和其他許多語言不同。」阿爾尼・馬格努松冰島研究所（Institute of Árni Magnúusson for Icelandic Studies）所長，也是西居爾杜爾・諾達爾的孫女古德倫・諾達爾（Gudrun Nordal）如此說道。

儘管「直覺」在英文文本中的首次出現是大約十五世紀，但InnSæi一詞直到二十世紀初才進入冰島語的書面語，例如一九一六年由西格・克里斯托福・彼圖爾森（Sig. Kristófer Pétursson）將神智學家安妮・貝贊特（Annie Besant）的著作從英文翻譯成冰島文，名為《生命的階梯》（*Lífsstiginn*）。

要解鎖InnSæi一詞意義，關鍵在於這個詞彙的組成方式，因此我更喜歡用大寫的S和I來拼寫InnSæi（發音為「因-塞-伊」）。然而，如果你查閱冰島語文詞典，會發現這個詞是全小寫的innsæi。

如〈InnSæi概說〉所述，InnSæi具有三重詩意的意義。它結合了兩個字：Inn（意為

「內在」或「進入」）和Sæi（源自動詞「看」，但也帶出sær這個字，即「海」的意思）。簡言之，InnSæi是你的內在指引，你靈魂的聲音，在你專長的領域裡，它能激發你最高的智力潛能。

「內在之海」喚起了我們內在世界無邊無際的本質。它持續不斷地運動並創造新的連結。它是超越語言的。那是一個充滿願景、感受與想像的世界，它是人生新興方向的暗流所在，一種對重要決定的契合感與直覺，甚至在我們能用言語表達之前便已存在。內在之海無法被限制或分割，否則它就無法流動。

「向內看」意味著往你自己的內心看——充分認識自己，觀照自己的創造力、核心信念與人性，包括缺點、優點、偏見、恐懼與脆弱。當你看向自己的內心時，你更能夠發揮同理心、直言不諱並真誠地生活。

最後，「由內向外看」意味著順應你的內在羅盤。你在這個世界保持覺察、處於當下，你的心、你的脊椎、頭腦與直覺是契合且一致的。這個世界充滿各種不確定性、機遇、速度，以及麻痺我們感官並劫持我們注意力的無盡誘惑，擁有強大的內在羅盤能為你帶來清晰、專注與韌性，讓你能夠在生命之海中更順利地航行，走出屬於自己的道路。

我的InnSæi根源

我在冰島長大，雖然我們不常使用InnSæi這個詞，但它總是無形地存在著，彷彿縈繞在空氣中，不時刺激我的想像力。小時候，我花很多時間待在大自然中，探索住家附近的熔岩平原，幻想著逃出那些我想像中的鬼怪的魔掌，害怕它們會來抓我，帶我離開家人。我會四處晃蕩好幾個小時，流連忘返，完全忘記時間。

我們一家六口，每年夏天都會在冰島各地旅行，只要有機會而且天氣允許，我們就會去露營或是進行一日遊。我記得自己從很小的時候開始，大概六歲時，就已經能獨自走路回家了。在冬夜裡，我和朋友度過漫長的一天後回家，也從不會害怕黑暗。當我躺在雪地上，仰望著星空，那一刻最能讓我覺得在這偌大的世界中回到了家。我會與星星進行想像的對話，感覺彼此共享著一段美好時光。

我的母親是一位藝術家，從小自學鋼琴，後來在四十多歲時獲得藝術學位，並與其他四位女性藝術家創立了一間畫廊。她總是會在忙碌的工作行程中抽空，在客廳彈奏那架白色鋼琴，讓美妙的音樂飄揚在整間屋子。而與此同時，我和我的兄弟姐妹們會在家裡畫畫、縫紉或製作一些東西，有時甚至熬夜到很晚。

在我還不會拼寫時，我就會在祖母的打字機上假裝寫短篇故事。八歲時，我便宣布自己打算出版第一本書，我甚至知道它長什麼樣子——一本棕色皮革的精裝書，只是我對故事情節還一無所知。有時我的兄弟姐妹都取笑我，讓我感到很受傷，我會傷心地將自己鎖在房間裡，好幾個小時都不和任何人說話，除了我的母親。她總是用心傾聽我的想法，並認真對待我的幻想，保護了我的想像力。

九歲時，我和兒時好友艾達（Edda）成立了一家公司。我們稱它為le Crabe，因為我們找到了一疊紅色貼紙，上面印有一隻白色螃蟹的圖案和le Crabe字樣。我父親給了我們一本過期的支票簿，這讓我們的業務增添了正式感，至少看起來是如此。實際上，我們所做的就是與世界各地超過一百位的筆友交換信件。每當我們沒有收到信件，就會認為是郵局搞錯了，然後一起到郵局詢問是否能幫忙再查詢一下是否有寄給我們的信件。

大約十歲時，我央求父親讓我在他的輪胎公司裡擁有一間辦公室，對我來說，這是我旅程中十分合乎邏輯的下一步。他禮貌地拒絕了我的請求，還盡量忍住不笑我。父親與祖父一起打造了我們的兩棟房子和一間公司，公司已經經營了數十年。他曾是一名手球運動員，一九七〇年代成為國家手球隊的隊長，後來還被選為高齡組的國家高爾夫球隊隊員。簡單來說，養育我的父母綜合了運動、藝術、商業和創業的技能與熱情，而這些領域都需要想像力、創造力和數千小時的訓練與練習。我有三個兄弟姐妹，家中經常談論努力工作的意義，我們心中都被灌輸了堅定的信念：只要我們下定決心，就能完成任何想做的事。

InnSæi一詞自成一個宇宙

詞彙具有重要意義。如同每個個體都是一個獨立的宇宙，每個詞彙也是如此。我喜愛詞彙幫助我們掌握意義的方式。我們用詞彙來處理、表達我們所感知、體驗和想像到的事物。當我們用心去留意，這些詞語就會從我們所見的線索中浮現。我們創造詞彙來描述我們體驗到的世界——我們需要表達的東西實在太多了。

將我們的體察和感受用語言表達出來可能需要好幾天、好幾週，甚或好幾年的時間，然而根據「全球語言監測機構」（Global Language Monitor）的資料，每九十八分鐘就有一個新詞彙被創造出來，每年累計新增五千四百個詞彙。InnSæi是一個詩意的詞彙，它為我們內在之海的潮起潮落帶來洞見，讓我們了解如何與之連結、與彼此和自然世界連結。它承認複雜與簡單可以共存，萬事萬物都是相互連結的，並幫助我們以這種方式看待世界。

數個世紀以來，科學、哲學和靈性學說一直在解釋生命系統複雜的相互連結性。這種相互連結性經常超越我們所能測量或肉眼可見的範疇。例如，我們無法將亞馬遜雨林、人際關係、人體或頭腦思維等複雜的自然系統分解再重組，還期望它們能像原來那樣運作。相反地，我們卻可以拆解然後重組一個複雜的機械結構，如汽車或機器。當我們用InnSæi來導航時，我們會更充分地了解機器與自然之間的巨大差異。

InnSæi結合了古老的智慧和現代科學

無論我們是否深入探索古老的靈性或哲學傳統，或是現代量子物理學，我們都能更深刻地了解萬物的相互連結性，以及當事物或粒子相互連結並影響其他事物時，它們會開始「存在」，變得真實而有生命。這與我們在教育和工作中習慣的抽象、各自分離的現實觀截然不同。我們如何將這無數的點連接起來，很大程度上取決於我們的InnSæi。讓我們來探討幾個例子。

小時候，我在學校接觸到「異教信仰」（paganism，譯註：指崇拜多神或自然的信仰），這讓我了解到人類是整體生態系統不可分割的一部分；人類與其他動物、樹木、石頭、植物和地球上萬物一樣，都是自然的一部分。換句話說，我們與生態系統的互動協助創造並塑造了我們的生活。

讓異教信仰變得更加神奇的是，一位老師告訴我們，若我們獨自在大自然中大聲說出自己的願望或想法，一塊石頭會聽見我們說的話，然後石頭會告訴一隻鳥，那隻鳥會告訴一棵樹。那棵樹有成千上百的枝葉，我們可以想像這棵樹會將這個訊息傳遞給多少隻鳥，從而創造出超乎我們想像的漣漪效應。如此一來，自然界便能夠將我們的想法和願望化為現實。

然而，這也讓我有點擔心，因為這表示我必須小心翼翼對待自己的想法、恐懼、希望和願望，因為它們都可能會實現。正如古老的諺語所說：「要小心你的願望，要留意你的想法。」古老的異教信仰首先教導了我，思想和信念塑造出詞語，而詞語則表達出我的體驗。當詞語精心地編織在一起，它們會創造出故事，故事創造出敘事，敘事塑造了人類的歷史。

捕捉你的想法

根據加拿大皇后大學（Queen's University）的一項研究顯示，人類每分鐘大約有六點五個想法，或大約每天有六千個想法（假設我們睡眠時間是八小時，而且不考慮睡眠期間出現的想法）。

- 我們的頭腦經常有許多「吵雜」的想法在喋喋不休，但我們多半不會去注意它們。不過，如果你開始注意自己的想法，並將它們記錄下來，會是一個邁向清晰思維的好起點，也對你進入InnSæi有所幫助。

- 嘗試在日記中將你的想法記錄下來。不要去思考它——直接寫下來即可，不需要詳細描述。

這些概念在二十一世紀的歷史學家尤瓦爾·諾瓦·哈拉瑞（Yuval Noah Harari）那部影響力巨大的著作《人類大歷史》（*Sapiens: A Brief History of Humankind*, 2014）中得到了呼應。他在書中指出，講故事塑造了文明。哈拉瑞認為，講故事不僅讓我們能想像和理解事物，還能讓我們**集體地**做到這一點。在個人層面上，我們的想法和信念定義了我們會成為誰。當我們**集體**相信一個敘事時，這個故事便塑造了我們的世界。在當今的世界，強大的市場力量是專門針對劫持我們的注意力而設計的，我們比以往任何時候都更需要決心，才能掌控自己的思維和生活所依賴的敘事。

我們還可以在量子物理學中找到異教信仰的痕跡，量子物理學是解釋周遭世界最成功的方法之一。量子理論闡明了元素週期表的結構、太陽的運作、天空的顏色、星系的形成等等。基於這一理論，我們才能發展出從電腦到雷射等眾多科技。

量子理論的迷人之處在於，它不是透過單一粒子或單位來解釋現實，而是透過它們之間的相互關係以及它們如何相互影響來進行解釋。儘管如此，許多物理系統仍未能以量子理論來解釋，這為那許多相信「不可測量的事物即不存在」的科學家們帶來了巨大的挑戰。物理學教授與《量子糾纏：黑爾戈蘭島的奇幻旅程》（*HELGOLAND: Making Sense of the Quantum Revolution*, 2021）一書的作者卡羅・羅維理（Carlo Rovelli）表示，現實是在粒子接觸和相互連結時發生的。他在《衛報》（*The Guardian*）發表的文章說：「也許它確實揭開了現實的深層結構，在那裡，性質（property）不過是對另一個事物造成影響的東西。性質是相互作用的效應。因此，一個好的科學理論不應描述事物『是什麼』或它們『做什麼』，而應該是描述它們如何相互影響。」

羅維理在《衛報》中寫道，這種解釋和看待世界的方式在東西方傳統中皆有與之呼應的看法。古希臘哲學家柏拉圖和佛教哲學家龍樹在兩千多年前即寫道，存在的定義就只是行動。換句話說，若一件事物可以影響其他事物，則表示它存在。

那些有意識地順應InnSæi的人明白，知識、經驗、刺激和情感以千變萬化的方式在我們內在交織、累積，透過這種與周遭世界的多層面互動，有一種「知」會浮現。我們無法確切解釋這種「知」是怎麼發生的，但隨著不斷練習和體驗，我們學會接受這個過程中無法解釋的部分，並越來越信任和依賴自己的InnSæi。InnSæi成為我們的內在羅盤，使我們能體現出我們迫切需要的生態系統思維，以此為我們自己和地球建造一個美好的未來。當我們將InnSæi內化為中心指導原則時，這會改變我們與自己、與其他生命和地球的連結方式。我們不再過分強調分離、無生命、抽象和可量化的思維，而是轉向更具生命力、整體的、感官的現實互動。若能在抽象與理性，以及InnSæi的內在世界之間找到平衡，我們便能在這動態且不斷演化的世界中更穩健、更明智，帶著創新精神找到正確方向，順利前行。這將提升我們的邏輯思考能力，讓我們能運用想像力來促進人類和地球的進步。

我們每個人都擁有InnSæi，這是作為一個人並煥發活力的一部分，無論一個人的年齡、性別為何或來自何方。InnSæi永遠在那裡，就存在於我們內心，若我們選擇遵循它，它會使我們的內在羅盤更為敏銳。是否啟動它、傾聽它並定期更新它，完全取決於我們。

個中祕訣在於訓練我們的注意力，去觀照它在想法、技能、「知曉」、願景、決策、方向或感覺浮現之前是如何進化的。在個人層次上，我們運用自己的InnSæi做選擇、與他人交流，並墜入愛河。我們會冒著風險決定信任一個人，或基於InnSæi放手一搏，做出改變人生的決定。在專業層面，我們可能會培養出某些技能，甚或在某個特定領域出類拔萃，然後我們會將InnSæi與理性和分析方法結合起來。我們開始學會何時該讓事物沉澱醞釀，何時該仔細盤算並執行。InnSæi涉及我們百分之九十五到九十九的無意識層面，而這些都處於我們集中的注意力之外。我們集中的注意力只能接收我們接觸的所有資訊的百分之一到五。一旦我們意識到我們不僅是頭腦，而是用整個存在和所有感官來關注這個世界，我們便能開始體現InnSæi。為了說明這一點，我會分享一些故事，包括我的母親、一位BMX自行車騎手、一位前伊拉克戰鬥機飛行員和一位法國馬術訓練師的故事，以及他們各自使用InnSæi的不同方式。

音樂與心流

我的母親是一個自學成材的鋼琴家，只要她聽過一次，她便可以彈奏出我們請她彈的任何流行歌曲或古典音樂。她一坐下來就能彈奏，與鋼琴融為一體。這並不是一夜之間發生的，而是需要大量的練習與投入。心理學家、作家以及馬克斯・普朗克研究所（Max Planck Institute）前所長捷爾德・蓋格瑞澤（Gerd Gigerenzer）表示，這就是所謂的熟練直覺或InnSæi的運作方式：「你刻意練習，然後它會進入另一種領域，即潛意識。」他解釋道。你花費無數個小時不斷練習每一個音符，但是唯有當你不再有意識地思考手指該如何在琴鍵上移動時，音樂才算真正開始。換句話說，你完全浸淫在彈奏的行為裡，與音樂合而為一。

想像我的母親正在彈鋼琴，完全進入了忘我境界（the zone），沉醉在音樂中。然後想像有人走到她身邊對她說：「你真是一位了不起的鋼琴家，你怎能彈得這麼好？」這會瞬間打亂她的節奏。她開始有意識地思考自己是如何辦到的，導致心流（the flow）被打斷了。當我們學習一種方法或技藝時，我們是有意識地練習。之後，這項技能就會烙印在我們的潛意識中，在內在「海洋」裡，我們不再有意識地去思考該怎麼做。這表示，要進入我們的InnSæi，往往需要關閉理性的大腦，讓我們所知的一切自然流動。

為直覺騰出空間

若你能為直覺騰出空間，
若你能停止理性頭腦的喋喋不休，
你便能重新找回直覺。

——安・拉莫特（Anne Lamott），《寫作課：一隻鳥接著一隻鳥寫就對了！》（*Bird by Bird: Some Instructions On Writing and Life*, 1995）作者

人體是有智能的，甚至小至單一細胞的層面都是如此：它能認識、記憶、學習、復原，而且能適應不同情境。美國ＢＭＸ騎手馬特・霍夫曼（Mat Hoffman），是歷史上最出色的垂直坡道單車選手之一，他在一次嚴重摔倒後失憶，這時他的身體記憶發揮了

救援功能。在「扶手椅專家」（Armchair Expert）節目中，主持人達克斯・薛培德（Dax Shepard）與凱利・斯萊特（Kelly Slater）討論了馬特的故事。凱利提到，當時馬特發現自己站在表演會場裡一座十四英尺高的垂直坡道上，當他往下看時，他覺得很害怕，不知道該怎麼做。他完全想不起來該如何騎車，但是他決定相信自己的身體，憑著信心縱身一躍。在那一瞬間，他的頭腦恢復正常了，他的身體想起該怎麼做了。我們都有過這樣的經驗，必須親自回到某個地方才能想起我們丟下的東西或過去的事情。同樣地，當我們間隔一段長時間後再次騎自行車或滑雪，立刻就會感覺到我們身體的記憶和技能回來了。

直覺判斷

二〇一六年，我從康乃狄克州的紐哈芬搭乘計程車前往哈特福，準備接受ＷＮＰＲ電台「我們生活之地」（Where We Live）節目的訪談。司機名叫默哈瑪，是一位來自伊拉克的前戰鬥機飛行員，是我當年在美國時透過共同的朋友認識的一個友善的人。這次訪談是關於我們的電影《InnSæi：直覺的力量》，這部電影幾個星期前剛在美國首映。這段路程約兩個小時，我一邊準備訪談時，向默哈瑪問起了他在伊拉克當戰鬥機飛行員時的直覺相關經驗。

默哈瑪熱情地談論著直覺，並舉了一個他在職業生涯中曾使用過直覺的精彩例子。他描述自己曾與伊拉克最高級軍官一同出席一場會議，會議討論的是一個關鍵情勢。當會議進行到某個時間點時，他們轉頭面向他，徵詢他對於一項重大決策的意見。頓時所有的目光都集中在他身上，那是一個壓力罩頂的時刻，他必須很迅速地思考。

默哈瑪告訴我，在當時的情況下，有兩件事相當重要：首先是他擁有豐富的經驗，可以作為決策的基礎；其次是他對自己在這方面的直覺充滿信心。他還知道，若有安靜的空間讓他思考，他的直覺會發揮得最好——這讓他有信心請官員們暫時離開房間，好讓他仔細思考這個問題。

默哈瑪的故事支持了科學研究顯示的結果。當情況確定且我們知道自己已知資訊充足（known knowns）時，統計和分析適用。但在不確定的情況下，我們的InnSæi發揮得最好，尤其是在經驗和知識的基礎上。事實上，研究顯示，當經驗與知識結合，我們會展現最高智力，如同專家捷爾德·蓋格瑞澤所述。雖然我們不會單憑直覺就將人送上月球，但是在一個領域中擁有越多的知識與經驗，我們就越能依賴直覺判斷來做出正確的決定。

信任直覺

在《事物的本質》（*The Matter with Things*）一書中，伊恩·麥吉爾克里斯特（Iain McGilchrist）講述了一個關於法國馬匹訓練師法蘭克·穆里耶（Frank Mourier）的有趣故事。法蘭克一生熱愛馬匹，還在大學時期建立了一套複雜的數學模型，用來挑選最佳純種馬。他認為自己是一個非常講究方法和分析的人，在購買、出售和訓練賽馬方面有相當豐富的經驗。退休之後，他開始每天前往賽馬場，當一名勝率預測家並以此為生。他在賽馬開始之前會花幾分鐘觀察參賽馬匹，然後預估每匹馬的獲勝機率。有一年，他在紙上寫下了一千兩百次的預估結果，他將所有的數據記錄和分析都保留下來，發現他的預測準確率持續高於市場共識。伊恩·麥吉爾克里斯特與法蘭克·穆里耶及其妻子交流後發現，關於他的直覺，有幾點值得我們借鏡並在此特別提出。

當法蘭克讓自己的懷疑、不信任、害怕失去和自責情緒影響他的判斷時，他的表現會較差。他的挑戰是要單純地信任自己所見，信任他的直覺。他的解釋提到，他一直認為自己是一個科學家，所有的決定都是基於理性與分析，而他幾乎不假思索的預測能力讓他質疑這是否可能，因為這違背了他的學術訓練。

法蘭克・穆里耶越是加強訓練自己覺察並信任自己的直覺，他就越能夠放鬆地發揮自己的才能。他的妻子還說，他變得更開放，能開始談論自己的情緒，對周遭事物的感受更為敏銳，也更有創造力了。這改變了他在家庭中的角色以及與妻子的關係，讓整體各個方面都獲得改善。他們也注意到，他需要更長時間的睡眠，賽前在車上的短暫小睡也有幫助。值得一提的是，在賽前的早晨，他需要將自己與「任何物質或財務相關的事物」隔離開來。「最佳結果是在我將其視為一場沒有壓力的遊戲時獲得的——就像我只是去賽馬場享受賽馬，寫下我所感覺到的勝率。」

可能阻礙 InnSaei 的因素

* 自我懷疑、缺乏信心、害怕失敗、自責。

＊ 壓力。

＊ 物質或財務壓力。

＊ 未能認真看待我們的直覺，因為直覺通常以溫和且不費力的方式對我們說話。

＊ 讓偏見（思維習慣）主導我們的思考，例如偏好熟悉的事物而非不同的事物。

● 根據捷爾德．蓋格瑞澤及其合作者的研究，性別偏見是很常見的。例如，男性通常不太願意公開承認他們遵循直覺，因為一般人普遍認為女性較有直覺力，男性則較理性。文化規範教導我們信任理性而非直覺，且更偏向男性而非女性。但研究顯示，無論性別為何，每個人都有直覺。

● 另一個常見的偏見是選擇迅速行動，而非花時間思考。

● 我們往往未能意識到自己的某些感知並非客觀真相。我們必須記住，這些其實只是我們的主觀感知，一旦我們獲得更多或不同的資訊，就會隨之改變。

● 安全的偏見是傾向於避免損失，而非尋求獲益。

● 其他偏見包括刻板印象、過度自信和「錨定效應」（anchoring，在做最終決定時，過度依賴某一資訊而忽略其他資訊）。確認的偏見則是指我們傾向於將新資訊詮釋為支持我們既有觀點的資訊，而忽略其他知識。這份清單還可以繼續寫下去……

InnSæi是創造力的關鍵，而創造力是創新的關鍵，這正是經濟繁榮和組織競爭力的來源。當NASA（美國國家航空暨太空總署）希望確認他們聘用的是最具創意頭腦的人才時，他們邀請了喬治・蘭德博士（Dr. George Land）和貝絲・賈曼博士（Dr. Beth Jarman）設計了一份測試，以識別參與者的創意和擴散性思考（divergent thinking）的能力。測試結果相當令人震驚：**結果顯示百分之九十八的五歲孩子達到「天才級的想像力」，但這個比例在十五歲時驟降至百分之十二，而成年後僅剩百分之二。**

隨著我們進入學校體系，投入職場，我們順應InnSæi的能力與創造力都會下降。這是因為更理性、具體且有意識的問題解決技巧可以用標準方式來教授，而這正是全球各地的學校採取的方式。這些過程很容易複製、衡量、比較和評估，這種方式就這樣滲透到我們的系統和工作流程中，我們依賴的是可量化的指標。與此同時，直覺的方式是無意識的，依賴的是經年累月儲存的記憶和鬆散的神經連結，因此需要更隨機和更具耐心的學習過程，威爾瑪・庫茲塔爾（Wilma Koutstaal）在其著作《靈活思維》（*The Agile Mind,* 2013）中如是寫道。庫茲塔爾的研究支持了已多次獲得證明的觀點：當我們將無意識的直覺方法與分析、理性的有意識方法結合時，我們可以發揮最高智力，並超越僅使用後者的人。

多看，多聽，多感受

我們的文化奠基於過度消費與過度生產，導致我們的感官體驗漸漸失去敏銳度。現在最重要的是重新恢復我們的感官知覺。我們必須學會「多看，多聽，多感受」。

——蘇珊・桑塔格（Susan Sontag, 1933–2004），哲學家、作家及政治活動家，《反詮釋：桑塔格論文集》（*Against Interpretation and Other Essays,* 1966）

我們有許多方法可以觀察這個世界，本書聚焦在符合倫理道德的InnSæi，以推動人性化且寬容的存在與共同創造方式。二〇〇八年，冰島人稱之為「銀行倒閉潮」的經濟衰退為新思維開啟了一道大門。人們渴望重新思考自己的決策系統，在這個似乎已經變得瘋狂的世界裡，一股為達到倫理和建設性目的的批判性創意思想洪流洶湧而至。

當時，我在冰島設計並共同創建了一個大學文憑模組課程（modules），根據的是我稱之為「兩種節奏與一個強大的內在羅盤」的理念，這也是本書最後一章的主題。這個課程基本上是訓練學生如何有效結合擴散性與收斂性思維、分析與創造力、理性與InnSæi這兩種節奏，以增強他們的內在羅盤。

在當今資訊爆炸、干擾頻繁的文化中，蘇珊．桑塔格於一九六六年寫下的話語顯得比以往更加真實。桑塔格鼓勵我們運用感官智慧，讓自己重新回到世界中，用全副的身心存在去感知它，並用批判的眼光看待新聞輪播中的公共敘事。

她鼓勵我們多去看、多去聽、多去感受，因為她希望我們能接觸到自己內在那位藝術家，喚醒我們的感官，更深入了解事物的意義，包括他人的痛苦。我們的創造力、真誠的領導力，以及在世上的發聲，都取決於我們如何運用感官、如何付出注意力。蘇珊．桑塔格激勵我們超越詮釋與頭條新聞，深入探索身而為人的核心意義。

多看，多聽，多感受

- 使用日記記錄你的所見所聞與感受。
- 不要評斷你的注意力捕捉到的東西，只要記錄下來。
- 當你記錄每一個感知時，你是在觀照當下的自己。

蘇珊・桑塔格一直是我在InnSæi工作上的重要靈感泉源。在這個語境中，「多看」指的是融入我們的感官，留意我們的整個身體如何接收線索與資料。我們是透過身體與InnSæi建立連結的。當我們與InnSæi的連結受阻時，生活的方向會變得模糊不清，我們的決策與觀點會搖擺不定，而且會開始懷疑自己。

誠如妮可・勒佩拉博士（Dr. Nicole LePera）在《全人療癒》（*How to Do The Work* 2021）一書中所述，我們會開始相信頭腦中那些盤旋、壓抑和焦慮的想法，忘記自己其實可以主動生起想法。勒佩拉博士寫道，我們的想法不一定代表我們是誰，我們可以改變思維方式。當我們相信不健康的想法，那些想法會讓我們變得虛弱，我們的頭腦變成自己最可怕的敵人，因為它們阻礙了我們與內在智慧的連結，使我們無法保持清晰並信任自己的判斷。唯有加強自我覺察時，才能擺脫那些束縛我們的想法。

InnSæi是一種能夠「體現」出來的感受，意味著它是透過我們整個身體傳達的。讓我們來探索身體如何與我們對話，並幫助我們順應InnSæi吧。

皮膚

我們先從皮膚開始談起，它是保護我們骨骼、器官、血管、肌腱和神經系統的外層覆蓋物。作為人體最大的器官，皮膚在調節體溫、保護肌肉、骨骼和內臟免受感染與疾病侵害方面扮演著重要的角色。皮膚占我們體重約百分之十五的分量，我們大約有三億個皮膚細胞，每分鐘會脫落三萬到四萬個死皮細胞。皮膚每二十八天更新一次。我們的身體會對其他人、物體、大自然甚至是我們所站立的地面等普遍存在的電場產生反應；當我們處於這些電場中，皮膚上的毛髮會豎立起來。

皮膚的變化有時是整體健康狀況發生變化的信號：當我們快樂、健康時，皮膚看起來可能更具光彩；而當我們不舒服時，皮膚則經常會顯得暗沉或乾燥。事實上，我們的皮膚會「對我們說話」，幫助我們見證自己與環境的互動。例如，當我們被音樂或充滿愛心的舉動深深感動時，可能會起雞皮疙瘩。假如有人讓你「背脊發涼」，你的反應也有其原因——有時你可能只是感受到同處一室之人的能量。

留意你的皮膚

- 注意你的皮膚告訴你的訊息，將其記錄在日記中。這能幫助你透過皮膚更充分地了解自己。
- 你會發現有一些模式浮現，這些模式會讓你看到注意力集中之處以外的周邊事物，也就是你的InnSæi試圖告訴你的，關於你對人和環境的感知。
- 根據不同的日子與情境，你的反應可能也會有所不同。你可以記錄這些時刻的能量狀態，例如睡眠、飲食、情緒狀況，是否感到放鬆、壓力大、被愛或孤單等，這些都可能影響你的皮膚接收到的訊息。

直覺不僅是一種粉紅輕柔的輕飄飄感受。直覺是對那些處於注意焦點之外的精微事物的覺知；那些我們潛意識中、無意識中覺知到的東西。如果我們花太多時間處於意識高度集中的頭腦狀態，就無法看見其應有的重要性；它似乎不存在，似乎無關緊要，因此我們便將其排除在外。

——伊恩．麥吉爾克里斯特，精神科醫師及作家，在《InnSæi》紀錄片中的發言

感官

我們的感官每小時、每天都接收到數百萬筆資料。我們不可能完全覺知到這些訊

息，否則會發瘋。因此，雖然我們希望打開感官去「多看、多聽、多感受」，但有的時候，我們也會想要保護感官免受外界干擾，以確保不會傷害到我們與InnSæi的接觸。換句話說，我們有時會有意識地開放感官，而有時則會故意將它們關閉起來，以保持能量平衡，避免衝擊過大。

注意力對於接通InnSæi、創造力和覺察力是不可或缺的。我們每天都會注意到很多事物，但我們對自己注意到**什麼**卻往往缺乏意識。透過「更加注意我們注意什麼」，我們會開始了解到為直覺提供資訊的是什麼。將我們所注意到的內容記錄下來，能讓我們更有效利用直覺。這麼做時，我們會容許世界來到我們身邊，可以說是我們「將燈打開了」。我們會開始注意到過去不曾注意到的事，因為我們當時並未真正處於當下。當我們開始注意自己注意的是什麼東西，會將注意力轉向潛意識，那些徘徊在空氣中等待我們去發現的微細資訊。我們在第4章會進一步探討這一點，但是目前我們會先將重點放在「注意我們關注的內容」如何幫助我們連結所有感官。

注意你注意到什麼，並將它寫在日記中

- 在日記中記錄你透過眼睛、耳朵、身體、手指、腳、皮膚所注意到的東西。
- 注意自己何時觀察到他人或動物的肢體語言。
- 不要評斷你注意到的內容，只要記錄下來即可。
- 單純地觀察你的感官所接收到的訊息，讓世界來到你身邊。

當我們感到不堪負荷、身心俱疲、擔憂或悲傷時，便可能想要保護感官不受外界干擾，讓自己恢復能量。可以想像這是在為油箱添油，或是為身體的「電池」充電，這是一種設定個人界限並讓自己休息、恢復能量、單純存在的方式。這也是自我覺察，以及照顧自己和愛護自己的一部分表現。當我們感到對自己缺乏愛，我們應該努力去發展這份愛，因為若沒有這種愛，我們就無法對他人表達愛與支持。

有許多原因會導致我們的神經系統變得虛弱或受到過度刺激，可能是長期睡眠不足，或因疾病造成系統負擔過大；也可能是工作場所或家中噪音過大，或是因其他因素承受太多壓力。我們可能會呼吸急促，或是想避免前往平時喜愛的熱鬧場所。環境的過度刺激代表我們的感官接收到的資訊超出了大腦的處理能力。

當神經系統虛弱或受到過度刺激時，它對壓力源的反應會比平時更強烈。小小的壓力或刺激都可能引發相對巨大的反應。聲音會顯得特別響亮，光線也會更刺眼，我們可能覺得他人過度索求我們的關注和能量。在這種情況下，我們不再像平時那樣對自己的注意力或能量有所掌握。其他症狀可能包括視力模糊或複視、記憶力衰退、身體有麻木或刺痛感，以及頭痛。

一些簡單方法，保護脆弱且刺激過度的神經系統

以下是一些簡單的練習，可以幫助你修復神經並減少刺激：

- 戴帽子，戴有帽舌的帽子或穿連帽衫，以減少對耳朵、眼睛和頭部的刺激。
- 若外出，可以戴上降噪耳機或聆聽耳機播放的令人平靜的聲音。
- 戴上綠色鏡片的眼鏡，因為綠色有助於鎮定神經系統。
- 外出並待在有綠色草地、樹葉、植物和樹木的地方，單純地觀察它們的聲音、顏色、形狀、圖案和氣味。
- 赤腳走在土地上。
- 如果你在工作或個人生活上遭遇困境，覺得它榨乾了你全部的能量，可以想像自己正從遠處觀看這個處境，站在山頂或從天空中鳥瞰。若你從遠處觀察這個處境，就不會成為這個處境的一部分。
- 靜心冥想——深呼吸，深深吸氣，吐氣，專注在你的呼吸上。

讓自己歸於中心

若你覺得自己在某個處境下迷失自己，這是一個很好的靜心方法。如果你只有五分鐘，就好好利用這五分鐘。時間越多越好。如果你覺得對自己有好處，可以在一天中多次進行這個技巧。好好善待自己。

- 「讓自己歸於中心」意味著將心念帶回到身體中。你有意識地放下那些將你帶離自己的想法，這些可能是關於未來或過去的擔憂，或當下感到無法承受的事情。
- 找一個舒適的姿勢，深吸幾口氣，有意識地隨順每一次呼吸，感謝呼吸帶給你生命。
- 專注於呼吸時，逐一感受自己的感官——眼睛、耳朵、鼻子、舌頭、整個身體和心靈。
- 想像整體的自己，想像自己安靜地坐在一朵蓮花或一個美麗的透明膠囊內，只有你可以看見或進入。這朵蓮花或膠囊保護著你的整個身心和感官，避免受到外在刺激，那些刺激有時對你來說太多了。
- 當你在這道保護屏障內呼吸時，閉上眼睛，你不再看、不再聽、不再思考，只是跟隨你的呼吸，舒適地待在你的身體、你的聖殿、你的家中。

● 每當你感到迷失、不再是自己，被外界事件帶走時，就該是回到真實自己的時候了，讓身、心保持協調一致，與內在的海洋連接起來，直到恢復平靜，直到你覺得扎根於自身之內。告訴自己：「我很安全」。

● 你最深層的安全感來自於你的內在深處。當你在這個靜心冥想中感到安全，或更安全時，便可以打開眼睛、耳朵與整個身體來接納周圍的環境。隨著每天、每個星期或每個月過去，你都可以想像自己被包裹在蓮花或美麗的膠囊中，這是只有你能看見或進入的保護屏障。

大腦

大腦是一個比我們想像中更加開放的系統。大自然已經做了極大的努力來幫助我們感知並接納周圍的世界，它給予我們一個能在不斷變化的世界中藉由改變自身而生存下來的大腦。

——諾曼·多吉（Norman Doidge），精神科醫師及《改變是大腦的天性》（*The Brain that Changes Itself*, 2007）作者

大腦是座「中央車站」，負責處理每天由細胞、感官、皮膚和神經所接收並解釋的資訊。雖然有大量關於大腦的研究，但我們對其運作的認識仍然十分有限。成年人的大腦平均重約一點四公斤，包含約百分之七十五的水分。大腦是個龐大的連結網絡，由八百六十億到一千億個神經元所組成，與我們銀河系中的星星數量相當，嵌入在一千億個膠質細胞的支架中，並由數兆個突觸或神經元之間的連接點所連結。

如果你能將它拿在手中，會發現人類的大腦是一團像果凍般柔軟的物質，輕輕觸碰即會變形，若與身體其他部分分離，便無法存活且喪失功能。大腦被視為邏輯與智力的載體，使我們能夠思考、感知並理解事物。它透過我們的感官，以及從腸道、心臟和迷走神經到大腦的神經通路接收大量的資訊。

神奇的是，大腦始終在改變，它會隨著生活經驗而調整，讓我們終生都能夠學習新事物。大腦分為左、右半球，這兩個半球在看待世界的方式上具有不同特徵。在這個中央

中樞裡還有許多小的「站點」，各自扮演不同的角色。大腦的有些部分會在危險時刻為我們提供幫助，有些部分則是在我們想要發揮創造力或順利溝通時幫助我們。稍後我們將深入探討這些內容。

我們無法實際見到大腦的連結和同步現象，但研究顯示，當情侶在一起時，他們的心跳和腦波會同步化；這種現象也適用於同事、朋友，甚至陌生人。許多人曾在見到親人處於壓力情境時，覺得自己的心跳也受到影響。

我閱讀越多關於我們如何用身體、大腦和電磁場溝通的資訊，就越是好奇你和我之間的界限究竟在哪裡。我採訪了神經健康與學習的神經生物學專家麗貝卡・格蘭傑－艾利斯博士（Dr. Rebekah Granger-Ellis），她確認了個體之間的邊界並不明確：

作為一個物種，我們會互相調節，我們是如此緊密地相互連結，以至於我們的大腦始終在默默地重塑其他人的大腦。我們人類是如此社會化的生物，以致在注意力、情感和行為上高度相連，因此我們會意識到彼此的內在狀態並模仿。就算只是和另一個人待在一起片刻，我們的腦波和神經群便會開始同步，呼吸節奏會互相模仿，心跳也會一同調節。

甚至我們的身體與環境，與地球和太陽之間的互動，所有我們與之互動的事物，都包含著能量，這種能量在物體之間持續地來回流動。〔……〕透過量子物理學的角度來看，我們是由相同粒子構成的分形（fractals），我們的DNA是由碳、氫、氧、氮、磷和其他微量元素組成的。我們與太陽共享粒子與電能，我們所站立的地面也以複雜的方式調節著我們的神經系統和細胞。

心臟

心有其理性，那是理性一無所知的。

——布萊茲．帕斯卡（Blaise Pascal, 1623–1662），法國哲學家與數學家

我們大概都聽過「跟隨你的心」這樣的話，意思是鼓勵我們去遵循內心的聲音或尋找某種意義。心臟和腸道一樣，本身有神經系統，具備短期和長期的記憶功能。有時它被稱為我們的「第二大腦」，根據阿莫博士（Dr. Armour）在一九九一年所做的一項經常被

引用的研究顯示，心臟中約有四萬個神經元。在大腦形成之前，心臟就已經開始跳動，而且大腦停止後，若仍有氧氣供應，它依然會跳動。心臟為整個循環系統提供血液，讓我們的器官、組織和細胞獲得營養和氧氣，並排出廢物，例如二氧化碳。

英文的courage（勇氣）這個字源於拉丁文字根cor，意思是「心」。當我們「發自內心說話」時，我們說的是真話，能夠打動他人並建立起信任。這不僅僅是一種說法而已，因為研究顯示，心臟和大腦一樣會分泌催產素，也就是所謂的「愛情荷爾蒙」。根據湯瑪士・R・維尼（Thomas R. Verny）在《具象之心》（*The Embodied Mind* ,2021）一書中的說法，催產素能激勵我們去喜歡和同理他人，並激發互相的信任與合作。伊恩・麥吉爾克里斯特在《事物的本質》一書中引用不同研究寫道，憤怒和悲傷的情緒會導致心臟衰竭，因此我們可以說人真的會「心碎而死」。

心臟的磁場是人體產生的最強節律性電磁場，不僅包覆著身體的每個細胞，還向四周空間延伸。心臟的電場大約比大腦所製造的電場大六十倍，它的磁場可用敏感的磁力儀在距離身體幾公尺外測量到。當我們說「打動某人的心」時，意思是激發或喚醒他人內在的某些感受。想像一下，一顆充滿愛的心會帶來什麼樣的漣漪效應……

我們都能透過身體的磁場進行無言的溝通。

與自己的心連結

- 閉上眼睛，深吸幾口氣；如果可以的話，吐氣時間是吸氣的兩倍。
- 將注意力集中在隨著每次呼吸而起伏的胸口。
- 想像你的體內有一道手電筒的光芒。打開它，從頭部開始，用手電筒的光照亮你的大腦、頭骨內部、臉部內部，頸部和喉嚨，然後往下移動，直到看見心臟在你的胸膛裡強壯而健康地跳動著。
- 對它觀察片刻，感謝你的心臟為你所做的一切；觀察它如何將血液泵送到身體的各個部位。
- 現在將你的手放在胸口，感受你帶來療癒的手散發的溫暖。

● 想像你的心變化成一個玫瑰花苞，或任何你喜愛的花。觀察象徵你的心的花苞或花朵，看著它對你和周遭世界綻放。

● 享受這個畫面，並留意它是否讓你臉上浮現出一抹微笑。

腸道

相信你的直覺，它知道你的頭腦所不能了解的事。

——佚名

我們大部分的幸福荷爾蒙都是以腸道（gut）為家，它與我們的情緒、身體健康以及專注的能力密切相關。腸道中有兩億至六億個神經元，並以各種「本能感受」，即英文中所謂的「gut feeling」（譯註：英文字的腸道、五臟六腑，gut也有直覺、本能的意思）與我們溝通，例如我們在興奮或戀愛時會感到「胃裡有蝴蝶」（butterflies in our stomach，譯註：此為英文直譯，意思是緊張心慌）或在焦慮時則會感到「胃部打結」。當我們釋放情緒時，我們會說是「傾倒出五臟六腑」（spilling our guts，譯註：此為英文直譯，類似中文掏心掏肺或吐露真心的意思）。

我們的心理與腸道之間的關係是雙向的：腸道疾病會影響我們的頭腦和心情，反之亦然。伊恩·麥吉爾克里斯特在《事物的本質》這本書中綜合了多項研究結果，指出腸道產生了身體中百分之九十五的血清素，這是一種在大腦與身體之間傳遞訊息的化學物質。血清素對神經細胞和大腦的正常運作是不可或缺的，而且在睡眠、情緒變化、消化、噁心反胃感、傷口癒合、骨骼健康、凝血及性慾等身體功能中扮演了關鍵角色。血清素是生起滿足感、幸福感和樂觀情緒的媒介；反過來說，在憂鬱狀態下，血清素數值是下降的。

本能感受或直覺（gut feeling）是我們可以透過練習來學習了解的重要信號。經年累月之後，你可能會發現自己更能輕易辨別哪些直覺反應與食物或荷爾蒙有關，哪些則是與你正在做的決定有關。雖然直覺不見得萬無一失，但它們可以為我們提供重要線索。

與腸道連結

這項練習在你感到擔憂、壓力重重或焦慮時特別有效。

1. 深呼吸幾口氣，觀察你的呼吸如何使腹部移動。

- 傾聽你的腹部想告訴你什麼。它需要更深的呼吸嗎？還是想伸展一下？
- 注意它是平靜還是焦慮的。
- 問自己問題，看看你的腹部是否有反應。
- 你的問題可以是：「你怎麼樣呢？（填入你的名字）？」、「現在這個選擇對我來說合適嗎？」、「我是否害怕（填入內容）？」

2. 仰躺，深呼吸兩、三口氣，讓自己的身體安頓好。

- 深深吸氣，停留片刻，數到四再吐氣，將氣完全吐出；然後將腹部收緊兩、三次，屏住呼吸。

- 當你無法再屏住時，放鬆將氣吐出，然後重新讓空氣充滿肺部。
- 重複這些步驟幾次。

迷走神經與神經系統的兩個分支

迷走神經將訊息從大腦傳遞到身體大多數的重要器官，能讓所有部位的節奏放慢，讓它們進行自我調節。這種神經關係到副交感神經系統，以及愛、喜悅和慈悲等情緒。

——狄帕克・喬布拉（Deepak Chopra）

迷走神經是人體內最長的顱神經，連接從大腦到結腸的幾乎所有主要器官，包括大腦裡的學習中心。它的名稱來自拉丁文vagus，意思是「漫遊」，因為它廣泛連接腦幹與全身各個部分。這個系統控制的是消化、心率和免疫系統等特定身體功能，這些功能是無意識的，意味著我們無法主動控制它們。

迷走神經提醒我們，身體是一個相互連結的整體，在我們的自我調節、保持冷靜與復原力方面扮演著重要的角色。若迷走神經受損，可能會出現明顯的頸部疼痛症狀，其他症狀可能包括心跳加速、腦霧、血壓過高或過低、腸胃問題，以及聲音或喉嚨方面的問題。因此，當我們說話、喊叫、吟誦或唱歌時，會活化迷走神經，這也是為何這些活動能帶來淨化或情感豐沛的感受。

自律神經系統分為交感神經系統（「戰鬥或逃跑」）和副交感神經系統（「休息與消化」）；這兩個系統維持身體內部的平衡，有效地讓我們保持生存並正常運作。副交感系統是一種平靜的學習模式，而交感系統是一種幫助我們防禦危險的壓力模式。

迷走神經是副交感神經系統中的主要神經，有助於觸發身體的放鬆反應，會在危險或壓力結束時啟動。然而有時候，我們壓力過大的時間持續太久，需要有意識地幫助神經系統冷靜下來。為了幫助我們啟動並進入InnSæi，很重要的是必須讓頭腦平靜下來，我們可以透過接地、靜心冥想、正念修習和呼吸練習等簡單的技巧，在這兩個系統之間取得平衡。瑜伽、運動和戶外活動也有助於讓我們將身與心連結起來，以體現InnSæi。以下是一些能活化副交感神經系統的練習：

呼吸練習——橫膈膜呼吸

- 將一隻手放在腹部，另一隻手放在胸口。
- 吸氣時，感覺腹部擴張，吐氣時，腹部應縮回，這也稱為「腹式呼吸」。
- 吐氣時間要長於吸氣時間。嘗試將嘴唇噘起，以限制吐氣的量，就像在吹氣球一樣。
- 重複做幾次，感受它為你的系統帶來的鎮定效果。

運動後將臉浸冷水

- 體能運動會增加交感神經活動（「戰鬥或逃跑」模式）和壓力反應，導致心率上升。
- 研究發現，將臉浸入冷水中是一種簡單的方法，可以透過迷走神經重新啟動副交感神經系統，從而降低心率，讓你平靜下來並活化免疫系統。
- 用冷水沖洗臉部（或身體）在非運動的環境中也有效，能夠活化迷走神經。

「唵」的吟唱

- 吟唱「唵」（Om）是一種活化迷走神經的好方法。
- 感受聲音如何在你體內震動，從腹部和迷走神經根部向上抵達頭部。
- 「唵」是一個帶有複雜含義的簡單聲音。它象徵身、心、靈的結合，常在瑜伽、誦咒以及印度教和佛教等不同信仰裡使用。它能幫助你平靜下來，創造內心的安寧。

啟動InnSæi的關鍵要素

* InnSæi的意思是「內在的海洋」，指的是「向內看」，以及「由內向外」看世界。
* InnSæi是一種具體的感覺。我們讓自己歸於中心，然後透過整個身體與InnSæi連結。聆聽並注意你的身體如何向你傳達訊息，你又如何回應。
* 讓內外的噪音安靜下來，以便進入InnSæi。
* 理性頭腦喋喋不休的思緒、壓力、物質或財務壓力等都可能阻礙InnSæi的流動。
* InnSæi是不受時間影響的；它將古老智慧與現代科學交織在一起，將一切視為相互連結的。
* 我們每個人都有InnSæi，它是我們的內在指南針，要不要傾聽它的聲音並定期更新它，都由我們決定。
* 我們不是我們的想法；我們是想法的思考者。當我們與InnSæi的連結變得模糊，我們會懷疑自己，變得猶豫不決而且缺乏信心。

- * 我們的交流是超越語言文字的，是透過全身、能量場和腦波進行交流。
- * 練習、專業知識與自我認識能強化我們的InnSæi。
- * 練習順應InnSæi。當我們順應InnSæi，便能深切體會萬事萬物的相互連結性，進而與自己的人性建立更深刻的聯繫。
- * 自我覺察能讓我們平衡自身能量並理解如何優化InnSæi。當我們在一些情況下迷失自我時，可以透過將心念帶回身體來找到安全感。我們的感官會開放，注意世界如何來到我們面前。
- * 注意力是自我覺察、創造力和InnSæi的關鍵。注意你注意了什麼，運用你的整個身體，並將它記錄在日記中。不要評斷你注意到的東西，只要觀照它即可。

第 2 章

InnSæi 的療癒力量

看看你，看看我們四周，人們不快樂，人們充滿煩惱，
我們和大腦、身體完全失去連結。
許多人只活在自己的頭腦裡，而不與情感同在，
一定有什麼東西大錯特錯了。

——表演藝術家瑪莉娜・阿布拉莫維奇（Marina Abramović）
在紀錄片《InnSæi：內在之海》中的發言

在我二十多歲接近三十歲時，我來到了一個瓶頸，失去方向，陷入黑暗。黑暗迫使我**向內**尋求連結，因為我別無他途。從那裡，我重新出發，變成了一個略微不同的人，這段經歷塑造了我的一生。我的故事——這個對生活失去希望，身體利用崩潰來提醒我與InnSæi斷聯的故事——其實絕不獨特，世界各地有許多人都有過類似的經歷。

每個人對歸屬感都有著與生俱來的渴望，都想要尋找人生的目的和意義。有大約四年的時間，我從順應InnSæi，以它為內在羅盤無畏前行，一直到後來與它失去連結，也在這過程中失去了方向、自信、歸屬感和目標。當我再次與InnSæi重新連結上時，感覺就像回到自己內在的家園，只是這一次我更有意識地感受到它帶來的滋養與指引。走過這趟讓我倍感謙卑的旅程後，重新出發的我擁有了更真心的笑容、更多的淚水與感激，也更有勇氣讓自己比以往更盡情地過生活。重新找回與InnSæi的聯繫並學會如何與它的節奏同步，意味著我內在和周遭的世界開始流動起來，我的自我療癒過程於焉展開。

通常，我們感受到的痛苦其實是在試圖告訴我們一些關於自己和所處環境的訊息。本章邀請你去探索容許自己透過痛苦來成長的概念，思考在生活中為憂鬱和脆弱保留一些空間為何如此重要，並探討關於生命、愛與意義的難題。

從小，我便夢想能在人權領域工作，與紅十字會或聯合國合作，祈願能讓世界變得更美好。一九九〇年代對我來說是非常關鍵的十年——當時我二十歲出頭，完成了大學學業並獲得兩個學位，擔任負責國外新聞的記者工作。

一九九三年時，我看了一部電影《以父之名》（*In the Name of the Father*），那是一個關於四人被誣陷參與一九七四年英格蘭薩里郡（Surrey）的基爾福（Guildford）酒吧爆炸案的真實故事。這個故事啟發我成為國際特赦組織（Amnesty International）的志願者。當時，前南斯拉夫地區爆發了衝突，幾年後，我在冰島大學攻讀社會人類學，必須挑選一個論文主題時，曾在研究現代文化的音樂如何反映底層思潮和探討前南斯拉夫戰爭中的公民不服從現象之間舉棋不定。這兩個想法之所以浮現，是因為我調整了自己的觸角，關注周遭的世界。我越是努力設身處地了解經歷這些戰爭的人的體驗，我就越欲罷不能地想要了解更多。

主流媒體講述的是一個「好人」與「壞人」之間的宗教與種族戰爭，及其受盡折磨、死傷無數與流離失所的平民百姓所必須承受的恐怖後果。我見過許多坦克車壓境、爆炸和難民的畫面，也閱讀了男性占多數的高層官員為解決衝突而召開的會議報告。但我憑藉直覺知道，這些敘事中有什麼東西是我忽略的，於是決定提出自己的問題。如果我出生在那樣的處境裡，我會做什麼？我想知道人們是否試圖以和平的方式抵抗戰爭，或是否做了任何事來推動和平。最終，我在大學和研究所階段的論文，寫的都是關於前南斯拉夫戰爭中非正式和平抵抗的議題。據我所知，根據我最初的調查，以及諮詢教授和專業人士的結論，這在當時是一個很少人研究的議題。就這樣，我的InnSai為我開啟了一個嶄新的世界，帶領我認識未曾想像過的人，奔赴未曾想像過的地方。

同理心開啟了一扇窗

我透過網路與一群多元背景人士建立聯繫，他們慷慨地幫助我了解戰爭期間關於非正式抵抗的故事，告訴我一些無法在別處聽到的故事。人們透過廣播和印刷品、人權活動、電影製作、音樂和圖像藝術等方式和平抵抗戰爭。他們重新設計歷史上的經典海報，例如山姆大叔（Uncle Sam）著名的戰時徵兵海報。原本的口號「我需要你！加入美國陸軍」，被他們改成「我需要你——拯救被圍困三年的波士尼亞城市塞拉耶佛」

（Sarajevo）。

人們將他們的日記寄給我，分享他們向歐美主流媒體和政治家發出的行動與支持的呼籲。我透過電子郵件和電話採訪了來自前南斯拉夫、歐洲其他地區、俄羅斯和美國的人，這些人都曾協助呼籲人們關注這些情況。一九九一年，我的一位受訪者協助在各個共和政體間設置一個網路通信系統，以對抗國家主導的戰爭宣傳。我們都知道，無論什麼時候，都有強大的力量被投注在控制資訊與媒體的流動上，而且歷史教導我們，資訊在塑造敘事，包括關於戰爭與分化的敘事中扮演了關鍵的角色。這個目的在藉由促進對話與團結來對抗國家宣傳的通信系統名為ZaMir，在塞爾維亞－克羅埃西亞語（Serbo-Croatian）中的意思是「為和平」。這是一個電子郵件系統，能協助來自前南斯拉夫的人民組織戰線上的支援與後勤，並糾正假新聞。我的聯絡人也是創始人之一，他慷慨地允許我調閱了一九九一年至一九九五年之間的五年通信紀錄，我將這些紀錄儲存在一疊磁片中，閱讀並分析了這些資料。透過與陌生人的同理與共鳴，並跟隨我的InnSæi踏入未知領域，我開啟了一扇窗，見到了一個我原本看不見的世界風貌。

ZaMir系統比網際網路進入公眾領域的時間還早了約兩年，也比社群媒體的興起早了將近十年。寫到這裡，我不禁想，如果當今社群媒體的商業模式真的以促進對話和團結為目標，而不是製造孤立和分裂，不是用盡全力在「劫持我們的思想」和抓住我們的注意力，那會產生多麼不同的結果！

一九九八年末，當我快要完成學士論文時，當時是塞爾維亞一部分的科索沃（Kosovo）持續爆發激烈衝突。一位我幾週前諮詢過的美國教授給了我科索沃最著名的人權活動家之一伊格巴勒・羅戈瓦（Igballe Rogova）的電子郵件地址，讓我為了論文需要去採訪她。然而，由於當時科索沃正爆發全面衝突，為了避免置她於險境，我們決定放棄這次的採訪。但是我後來發現，世界真的很小，而且它的形狀其實取決於我們將注意力放在何處，以及建立什麼關係。因為在不到三年後的二〇〇一年，我搬到了科索沃，而且與羅戈瓦共事——我們暱稱她為「伊格」（Igo）。而在二〇〇四年，當我回到科索沃短期出差時，她電腦上的螢幕保護程式已經是我剛出生的女兒蘭恩的照片了。短短四年竟有這樣的變化，誰能想像得到呢？

戰爭的漣漪效應

科索沃的戰爭在一九九九年六月結束，戰後的重建與和平建設在隨後展開。二〇〇一年，我成為一個聯合國機構的科索沃專案經理，該機構當時名為「聯合國婦女發展基金」（UNIFEM）。當時我二十七歲，在那裡工作了一年，感覺這一年宛如十年壓縮在一起。我很快發現，戰爭並不會隨著和平協議的簽訂而結束，它的漣漪效應會繼續影響著未來的世代。

踏入科索沃，就像走進一個尚未癒合的開放傷口。我能在空氣中、在人們的眼神和肢體語言中、在殘磚破瓦的廢墟中，感受到衝突帶來的陣陣餘波。一座倒塌的白色東正教教堂如同折翼的鳥傾塌在路旁。運動中心和住家滿是彈孔，見證了曾經的暴力。遍地都是垃圾，空氣中瀰漫著惡臭，流浪狗在地上四處嗅聞，設法適應失去家園和親人的街頭生活。人們不敢直視他人，眼神充滿恐懼、憤怒，但大多是反映出一個心力交瘁和破碎的心靈。

所謂的「被遺棄的孩子」，是指因暴力而受孕的孩子，或戰時敵對方之間無法公開的愛情結晶，他們被遺棄在門口或停車場，聽天由命，任由陌生人或惡人擺布。在科索沃首都普里斯提納（Pristina）的醫院裡，這些無親無故的可憐小生命躺在塑膠的嬰兒床上，任由蟑螂在他們身上爬行，臉頰上的酸奶已經變得又稠又乾。紅十字會組織了一群我們這樣的人在下班後去探視他們，目的只是為了給他們一些關愛，去觸摸並擁抱他們，因為沒有其他人會這麼做了。若沒有這樣的人際觸碰，他們會更難發展出體驗親密和信任感所需的情感技能。

戰爭帶來了死亡與毀滅，即使沒有親身經歷，你也能感同身受。你的感官會捕捉到這些，而大多數都會悄悄潛入你表面意識的雷達之外，卻對你的神經系統發出警報。它會以惡夢的形式出現，栩栩如生，以至於你在夜晚會覺得有蟲子在身上爬——你想要尖叫卻發不出聲音。

在科索沃時，我一心想為戰爭受害者做些什麼，為和平與民主的未來做出貢獻，但我不知道如何設下個人界限，甚至不明白為何這很重要。我認為花時間充電、休息是一種軟弱的象徵。

雖然我以為自己知道如何面對周遭的創傷和悲痛，其實我只是封閉自己，將這些情緒壓抑下來，深鎖在身體內，並不斷強迫自己做得更好。我睡眠不足的情況越來越嚴重，椎間盤突出帶來的神經痛也加劇了。最終，我變得與自己完全脫節，我被迫必須重新思考。

從科索沃到哈薩克（Kazakhstan）的途中，我在法蘭克福機場度過一晚，第二天早上在轉搭第二班飛機前，我突然痛得很厲害，開始出血。我沒有多想，只是吃了些止痛藥就繼續跑行程，直到後來我才意識到自己流產了。這本應是一個警訊，但我卻繼續堅持苦撐。

無論我是因為過勞而造成流產，還是這次的懷孕原本就註定失敗，無論情況如何，這段經歷確實顯示出我與自己的身體和情緒有多麼脫節。而我應對的方法竟是將自己的身體和情緒健康擱置一旁，認為自己只要遲鈍一點、抗性夠強就夠了。也許，是因為我對工作太熱情，以至於沒有注意到我已經與自己的靈魂失去聯繫。

回家的路

在搬到科索沃之前，我曾在冰島的雷克雅維克（Reykjavík）參加了一項國際性的考試，目的是成為聯合國的公職人員。這是一個難得的機會，如果成功，表示我將終生為聯合國服務，在世界的不同地區和部門工作。我在科索沃時，收到了一封由聯合國祕書長科菲・安南（Kofi Annan）署名的聘任通知，要我到瑞士日內瓦的聯合國歐洲經濟委員會（UN Economic Commission for Europe）任職。

二〇〇二年夏天，我從科索沃搬到日內瓦，接受聯合國的永久職位，心中興奮不已，自己的職業生涯似乎正迅速起飛。我的辦公室位於「萬國宮」（Palais des Nations），這是一棟優雅的建築，有著寬敞的花園，草坪上有美麗的孔雀在漫步，還可以看見壯麗的白朗峰景觀，然而在外面如此美麗的環境下，我的內心卻逐漸感到窒息。不幸的是，日內瓦的階級制度和官僚作風會令人漸漸麻木，與我們在科索沃為了做出真正改變而感受到的責任感和影響力截然不同。我在聯合國婦女發展基金任職時，他們的戰後重建工作還處於試驗階段，因此給了我們一個充滿活力與創業精神的工作環境，尚未完全處於聯合國僵硬的行政結構之內。在科索沃，我們直接與依賴我們支援的人接觸，而日內瓦的聯合國歐洲經濟委員會是個體制環境，該機構覆蓋五十五個成員國，我覺得與世界其他地方脫節了。我開始覺得自己是在為一個系統服務，而不是這個系統在服務人民和地球。

我變得沮喪，心不在焉，開始計畫提早退休，因為我沒有勇氣辭職。僅僅因為工作無法帶來滿足感，似乎不足以成為離開的好理由，於是我繼續忽視內心的聲音和InnSæi。事後回想起來，我了解到我的InnSæi曾試圖透過白日夢、小小的預感，以及與親朋好友交談間浮現的想法來吸引我的注意。當時我在計畫著將近三十年後的未來退休生活，想像自己在五十多歲接近六十歲時，會開始寫作並成為變革的推動者，致力於提升人們的創造力並提倡一個永續的未來。也就在這段時間裡，我和未婚夫決定共組家庭。當時我們已經在一起大約十年了，不久後，我懷上了我們的第一個孩子，至少我的個人生活看似蓬勃發展，前途光明。

然而，如果我在這個階段有學到任何東西，那就是我們無法把任何事情視為理所當然。那份我一直渴望並努力爭取到的工作，最終卻讓我感到停滯不前，缺乏滿足感，而且不久之後，我和深愛的伴侶之間的關係也開始破裂。

我們決定讓女兒在冰島出生，但是當她出生時，情況已經變得更糟糕，我們的關係岌岌可危。分開似乎是唯一的出路，這令我心碎。不久之後，我的產假即將結束，我開始籌劃回到日內瓦的工作，但這次是以單親母親的身分。我找到了一間新公寓，也安排了托兒服務，但是就在一切都安排妥當後，一個問題不斷浮現在我腦海：**這真的是我想要的生活嗎？**

除了我自己，沒有人能回答這個問題，而有鑑於我的狀態，這對我並不容易。我已經幾個月沒有睡一天好覺，神經系統十分脆弱而且緊繃。有一次，一位護士要我深呼吸，我竟然做不到——我真的沒有力氣。我的腰痛不斷復發，我被診斷出有三處椎間盤突出，被告知可能無法再從事全職工作。我很難對他人說出我遇到的困難，我覺得迷失、覺得孤獨。我的生活亂七八糟。

女兒的出生教會了我許多關於自己身體的事，並讓我前所未有地專注於它。我對身體的複雜性、韌性及其承載一個美麗靈魂並將它帶進世界的能力感到敬畏。我的椎間盤突出問題，也因為脊椎是大量神經系統所在之處，讓我不得不關注自己的身體，我也才真正了解到，自己必須從身體著手。我學會了傾聽身體的聲音，慢慢培養身心的力量。

我學會了準備美味又健康的餐點，更有意識地進食，開始去感受身心如何相互關聯、相輔相成。

為了一路繼續探入自己的靈魂核心並啟動我的InnSæi，我決定將自己經歷的一切記錄下來，寫下各種不同的句子，並試著體會在紙上閱讀這些不同句子所帶來的感受。我發現，我的InnSæi透過胃部與我進行的對話是最清晰的，有些句子讓我胃部緊縮，有些則讓我感到平靜。我盡可能將情感和思緒表達在紙上，試著不去評判我的寫作，只是單純地承認並面對我的所有感受。

我花了很多時間待在戶外，女兒坐在舒適的嬰兒車裡，我推著車，在住家的海岸邊或附近的國家公園裡呼吸新鮮空氣。我對女兒的愛是我此前從未感受過的，照顧她讓我感到滿心幸福。我能感受到大自然的療癒和穩定力量，冰島強勁的風清理了我的思緒，再加上寫日記的抒發過程，我發現自己能夠更開放地思考自己的選擇了，在之前，這種情況讓我感到極其緊繃和受限。我逐漸向幾位支持我的親密朋友傾訴心事，漸漸地，那些不受控地在我腦海盤旋、讓我夜不成眠的思緒，終於被腦袋中一個平靜、清爽的空間所取代。有一天，我在海邊散步時，心中突然浮現了一個問題：「**溫德，當你老去時，**

你希望如何回顧你的人生？」

答案出現了，就像一部短片，包含了我未來生活的各種場景，展示了另一個截然不同的我。忽然間，我看見自己成為一個自由探索、暢所欲言的女性，我走遍世界，盡情過著滿足而充實的生活。這份感覺如此真實，我甚至可以在身體上感受到它。這就是我想要的生活，我知道該怎麼做了，這份認知在我內在帶來了強大的定靜與安寧感。雖然我生活中大部分的事情依然一團亂，但是在那一刻，彷彿一切都水到渠成，找到了歸宿。幾天之後，我辭去了在聯合國的永久職位。

那是信任未知的縱身一躍。我唯一知道的是，那是當時對我而言最正確的抉擇。接下來的幾個月裡，我接受物理治療；向治療師和智慧人士尋求建議；閱讀所有能找到的有關身心連結與創造力的書，並學會如何重整自我，開始信任生活，容許更多的流動。我學會不再抗拒已經在改變的事物，並獲得了面對恐懼的勇氣。

其中最難處理的挑戰之一是離開聯合國的永久職位所帶來的身分認同危機。沒有職位頭銜，也沒有穩定的生涯規劃。沒有工作時，我是誰？我怎能放棄夢寐以求的工作和穩定的收入來源？我的職業生涯幾年前才剛剛起飛，即將平步青雲，以大多數人的標準來看是十分令人讚賞的，特別是在如此年輕的年紀便獲得一個極其特殊的機會。我覺得自己就像從懸崖上或從某個高台上墜落，需要花上一段很長的時間才能將自信心重建起來。

我開始了解那些複雜的情緒如何在我的身體裡糾結，使我的肌肉和關節僵硬得像石頭一般。我的脊椎復原得很慢，持續疼痛，經常連抱起女兒將她摟在懷裡都變成一個艱難的動作。我記得有一天，終於能彎下腰摸到自己的腳趾，那已經是女兒出生一年半以後的事了。我開始修習正念、各種瑜伽和靜心冥想，而且頭一次體會到準備一頓簡單健康、色彩豐富又好看的餐點的價值。

我開始更有意識地接受他人的支持與善意，並為小小的勝利獎勵自己。我學會了在付出與接受、行動與存在、計畫與創造之間取得平衡。這一切都是讓我更善待自己、關愛自己的重要一環。我開始有更多笑容、更多休息、更多淚水，也學會接受自己的不完美，不再追求完美。我接受了智慧人士的建議，回到過去與自己內在的孩子重新連上線，我也重新開始畫畫、寫作與創作。重新喚醒我的創造力這件事，成為我療癒過程中至關重要的一環。我撰寫短篇小說、戲劇、詩歌、一部小說、計畫提案，設計我自己渴望參與的大學模組課程，並接下多項顧問工作來支應生活開支。我的一些作品獲得出版或演出機會，規劃的一些專案也得以實現，有一些則遭到拒絕。漸漸地，我痛苦的情緒終於掙脫內在那片汙濁的泥沼，獲得釋放，清晰也隨之而來。

與內在連結並獲得療癒的步驟

- 隨時休息或睡覺。
- 深呼吸——吐氣時間為吸氣的兩倍。注意這個方法如何發揮鎮定神經系統的效果。
- 與痛苦共處並逐步處理它。將它寫下來或說出來，找到建設性的方式來表達它。如果你抗拒或壓抑痛苦，它會一直持續下去。
- 花些時間待在大自然中，留意各種質地、顏色、氣味和動物的行為。
- 微笑——並留意這如何影響了你和他人。
- 體會全然處於當下時，時間如何擴展並慢下來。

- 每天用日記來記錄，以此釋放情緒和想法，讓頭腦平靜下來（詳見第4章）。
- 帶著關懷、技巧和愛來準備餐點。多喝水。

透過眼睛看生活——五分鐘冥想

- 找到舒適的姿勢，閉上眼睛，深呼吸幾次。
- 注意你的呼吸為你注入生命氣息。
- 想像你的眼睛像美麗的琥珀。
- 吸氣時，感覺眼中閃爍的能量。
- 吐氣時，用眼睛微笑。
- 重複做，隨意做幾次都可以。

我的朋友，痛苦

這份痛苦就像一條冰河在你體內移動
雕刻出深邃的山谷
創造出壯麗的景色
滋養著土地
帶來珍貴的礦物質和其他成分。

——〈冰河〉（Glacier），由比吉爾・索拉林松（Birgir Thorarinsson）與約翰・格蘭特（John Grant）作曲，約翰・格蘭特作詞，收錄於《蒼綠幽靈》（Pale Green Ghosts, Bella Union, 2013）專輯中。

靈魂的痛苦比斷腿需要更長的癒合時間。當我們抗拒已在進行中的改變，或是難以處理的經驗，它們並不會因此而消失，反而會在我們內心凍結。冰河與痛苦為我們帶來關於時間的重要課題：你永遠不會看到冰河崩塌的過程倒轉；生命永遠不會倒轉。科學家稱它為「時間之箭」。重要的是持續前進，放下，並藉由痛苦來成長。InnSæi，內在之海，意味著持續的流動與水的邏輯。如果它凍結或是被孤立起來，便無法流動。抗拒痛苦、封鎖情緒會讓內在之海結冰。給予痛苦溫暖與關愛能幫助我們釋放難受的情緒，融化內心的寒冰。

痛苦無處不在——也許此刻它就在你心中。我們如何面對以各種樣貌呈現的痛苦？我們是麻痺它，還是容許自己去感受它並透過它來成長？我們可以給自己一些時間，階段性地處理痛苦，那樣是沒問題的。痛苦的經歷在我們一生中往往會以不同形式回來，取決於當時的背景以及我們做過的處理和療癒工作。

正如約翰．格蘭特在歌詞中所說，痛苦隨著時間在我們體內移動，就像融化的冰河，在過程中以各種礦物質滋養我們並塑造我們的內在風景。人們可能正在經歷痛苦，而我們卻毫不知情，痛苦並非總是表現於外的。我們也可能處於痛苦中卻同時感到快樂。生活是複雜的。藉著時間與我們的關注，情緒會轉化，會像水一樣流動、變異或蒸發，只要我們能寬恕並放手。漸漸地，我們會痊癒。

「創傷」是一個強烈的詞彙——我曾避免使用它，但我漸漸接受了它，我們在人生中都會經歷創傷，從一出生便開始了。曾協助頂尖企業領袖與國際組織轉變心態、療癒創傷，並培養兒童、青少年與成人心理韌性的神經健康與學習神經生物學專家麗貝卡・格蘭傑-艾利斯博士說道：「獲得療癒以及透過痛苦和創傷來成長的關鍵，在於了解大腦和身體的設計就是能夠自癒的。」創傷可以是任何不利的生活經歷，從遭到忽視、霸凌、被拒絕、失去至親，到家庭功能失調、飢餓、貧窮或暴力都是。「大腦詮釋並感知為創傷的，對大腦和身體而言就是創傷。」她解釋道，同時提醒我們：「我們天生擁有再生能力，包括大腦和神經系統——我們擁有不可思議的神經可塑性。」在許多方面，我們就是自己的治療師。

歷史上有許多神話都教導我們，我們可以透過困難的經歷蛻變為更堅強的領袖，變成更完整或更有智慧的人。這些神話是我們現成的學習教材，而其中之一就是伊南娜的故事——她是美索不達米亞文化裡掌管天地的女神，故事中她去看望她的妹妹，住在冥界的死亡女神埃列什基伽勒（Ereshkigal），她代表伊南娜的陰影面、她內在的地獄冥界與缺陷。以下是這則神話的簡化版：

有一天，伊南娜得知埃列什基伽勒的丈夫去世了，她希望能參加他的葬禮。深受伊南娜信任的參謀寧舒布爾（Ninshubur）懇求她不要去，因為她擔心伊南娜的生命安危。然而，伊南娜堅持要去，她必須去陪伴妹妹，陪伴她哀悼，她囑咐寧舒布爾，如果三天後她沒有回來，就派救兵來幫她。啟程之前，伊南娜穿上全套的女王裝束，獨自前往她妹妹統治的冥界。

在前往冥界的路途上，伊南娜必須通過幾道門，每一道門都要求她放下一部分象徵她身分地位與權力的衣物和珠寶。每經過一道門，她的身分就被剝去一層：象徵她神性、聲譽和意志力的皇冠、項鍊和腰帶；象徵權威和主權的華麗權杖和斗篷。所有這些服飾都被一件件剝奪了，直到她抵達冥界時，已經完全赤裸而且脆弱。她的自我已毀壞，也沒有溫馨的姐妹情在迎接她。相反地，埃列什基伽勒在迎接她時宣布，進入冥界的代價就是死亡。然後，她殺死了伊南娜，並將她掛在肉鉤上任其腐爛。

三天三夜過去了，伊南娜仍然沒有回來，她忠實的參謀寧舒布爾向智慧與水之神恩基（Enki）求助。恩基用指甲下的泥土創造了兩個小生物，這兩個小生物只有一項技能，那就是同理心。他們飛得極快，守門人根本看不見。他們抵達冥界時，看見伊南娜赤裸裸地掛在鉤子上，她的妹妹埃列什基伽勒則是在地上痛苦地扭動著。這兩個小生物走向埃列什基伽勒，向她展示同理心，並幫助她獲得療癒。她感覺好一些後，向他們表達感謝，並詢問是否可以為他們做些什麼。這兩個小生物要求帶走伊南娜的屍體，於是埃列什基伽勒便將伊南娜的屍體和她所有的衣物都交給他們。他們將伊南娜帶回到地面，返回天界，並將她復活。她重生之後再度統治天界，而且比過去更有智慧了。

伊南娜前往冥界的旅程，象徵著面對自身的陰影面、褪去舊皮囊，透過痛苦獲得成長。誠如佛教的一行禪師所說：「沒有泥土，蓮花無法生長。」我們經歷的痛苦越深刻，體會美好與幸福的能力便越強大。伊南娜在面對自己的冥界後重生，她的姐妹埃列什基伽勒便是代表冥界。

伊南娜的神話故事教導我們，物質財富與象徵地位的外在裝飾都是短暫的，唯有我們脫下舊皮、羽毛、自我或裝飾後，才能回歸真實的自己。這種經歷可能小至短暫的尷尬或羞辱，大至極大的痛苦或恐懼。我們常常將自己的脆弱隱藏起來，覺得自己必須表演，對外界假裝一切都很好，甚或有時必須假裝自己完美無瑕，這給了自己巨大的壓力。

InnSæi將我們與自己、他人及周圍世界聯繫起來。面對自己的陰暗面與最黑暗的時刻，是認識真實的自己與發掘一己潛力的重要步驟。伊南娜的神話提醒了我們，有時候，正是我們最艱難的人生經歷激發出我們最強大的力量與人生意義。或許你已經在自己或身邊的人身上發現了這一點。以下三個人就是這樣的例子：探險家馬克·波洛克（Mark Pollock）、麗貝卡·格蘭傑－艾利斯博士，以及諾貝爾和平獎得主旺加里·馬塔伊（Wangari Maathai）。

我的朋友馬克·波洛克來自愛爾蘭，是一位溫暖、風趣又聰明的探險家。我第一次見到馬克是在二〇一四年的牛津大學，我記得他告訴我，他的使命是在我們有生之年找到治癒癱瘓的方法，我被他那燦爛的笑容與務實率直的作風深深打動。我從未見過有人立下如此大膽的目標。

馬克·波洛克是一名探險家、演說家與領導力教練。五歲時，他失去了右眼的視力，為了保護左眼的視力，他剩餘的童年被迫遠離接觸型的運動，儘管如此，他依然成為一名狂熱且有競爭力的划船運動員。二十二歲時，他失去了左眼的視力，成為全盲。然而，憑藉著鍥而不捨的精神，馬克將他的失明轉化為力量，成為第一位挑戰南極的盲人。

他還參加了一些世界上最困難的比賽，包括七天內在戈壁沙漠完成六場馬拉松，以及其他一系列的耐力挑戰。在他三十四歲的時候，也就是我認識他之前三年，馬克從三層樓高的窗戶墜落，從此癱瘓。事故發生後，他躺在醫院裡，開始懷疑生命是否還值得繼續過下去。最初的幾個月裡，他每天的挑戰只是起床、洗漱、穿衣、坐上輪椅、去復健訓練房，努力在世界上生存下去。他解釋道：「癱瘓後的這段時間，我當然問過自己：值得繼續活下去嗎？答案總是相同的——值得，當時如此，現在依然值得繼續。」

馬克的經歷塑造了他努力的方向，從耐力賽轉向了自願在研究實驗室中作為人體「實驗品」。在長達十年的時間裡，科學家和技術創新者持續進行測試，將能讓他站立和行走的可穿戴式外骨骼裝置結合腰椎上的脊髓刺激器，測試是否能提高自主運動的可能性。結果效果十分顯著，但是馬克發現這項工作過於零散，因此他將「努力的目標轉向為科學家、技術專家、投資者和慈善家創造合作條件，協助將實驗性技術推向商業化」。這樣的合作使他參與相關討論，最終促成一家名為Onward公司的創立。馬克說：「我的工作不是成為科學家，也不是擁有資金或創辦任何公司。然而，我可以分享自己身為耐力運動員所學到的，也就是在壓力下如何與他人合作，將這份經驗運用到這些事業計畫中。」Onward就是一家以此為目標成立的新創公司，當我與馬克交談時，他們剛籌募到一億美元的資金。馬克解釋說：「我希望像Onward這樣的公司能成為常態，而不是例外，並能加速我們在有生之年找到治癒癱瘓的方法。」Onward Arc Therapy（Onward）是一種針對脊髓而設計程式的刺激療法，目標是讓脊髓損傷的患者能夠重新移動。

我們就是自己的治療師

馬克將他最艱難的經歷轉化為力量和人生的意義，我們將在第3章和第5章繼續探討。他個人遭遇的挑戰及其帶來的挫折塑造了他現在的模樣，也讓他成為如今的領袖。

麗貝卡·格蘭傑-艾利斯博士也是一個將生命中最困難的經歷轉化為使命的人。她在三十三歲時，一輩子壓抑的創傷將她的身心推向崩潰邊緣，她回憶道：「我的身體甚至連最基本的細胞層面都開始崩潰。」她的不明症狀一個接一個出現，頭髮成把掉落，全身長滿奇怪的皮疹。由於慢性疲勞，她會在講課或開車時突然睡著，隨後她被診斷出罹患阻塞型睡眠呼吸中止症。緊接著，她的體重失控地下滑，還有大量出血和提早停經的現象。兩年來，她在不同醫師間不停轉診，最後被診斷出二十三種不同疾病。曾有一度，她每天需要服用七十種藥物，包括處方藥和維他命，但是情況並沒有改善。三十五歲的時候，她接受了子宮切除手術、乳房和腿部也做了腫塊切除手術，並因「應激性心肌病變」和短暫的腦缺血發作而多次住院。她的腎臟和肝臟功能不良，荷爾蒙和甲狀腺也功能失調。她說：「我被診斷出患有嚴重的焦慮症，因為在這個時候，一切似乎都在崩塌，情況很糟，糟到我開始失去記憶和認知功能。我在寫作和講課時，甚至連一些詞彙都想不起來，譬如我會將『藍色』和『桌子』混淆在一起。我聽到自己這麼說，但這完全不是我心中想要表達的。我和神經系統出現了嚴重的斷聯現象。」就在這時，有位神經科醫師告訴她，如果不採取行動，她可能只剩兩到三年可活。

麗貝卡博士迫切渴望找到治療方法，並希望了解自己的健康到底出了什麼問題，她投入大量研究，發現她必須成為自己的治療師。她回憶說：「這是一記振聾發聵的警鐘，提醒我必須成為自己的擁護者和治療師，因為除了自己，沒有人能整體性地全面了解你的大腦和身體。」

在神經診斷實驗室待了一天，進行了全面評估後，醫生告訴她，她的記憶功能並未出現問題。醫生所做的是發揮全人療法的精神，要她將自己的生命故事從頭到尾講述一遍。

麗貝卡開始分享個人的故事，釋放出多年困在身體裡的痛苦記憶和情緒。她說：「那天我哭了很多，我意識到自己已經麻木到好幾年都不曾哭泣了。那些儲存已久的創傷獲得了巨大的釋放。」麗貝卡的故事包括了童年時期的性虐待、一段有毒且飽受虐待的婚姻，以及來自面對創傷族群的慢性工作壓力。從她有生以來，無論是在個人關係裡，還是在她熱情投入且極具挑戰性的工作裡，她都將他人的創傷與痛苦故事內化了。她不僅只是對他人展現同理心，甚至因為真心相信自己只要給他人足夠的愛，對方就能治癒，而吸收了他人的痛苦。不過，就像當時在科索沃的我，她不知道如何為自己設下界限。神經科醫師向她解釋了皮質醇神經毒性、壓力引發的神經退化，以及大腦和身體的「預算管理」，並強調清理心靈和身體毒素的重要性。他建議她接受治療以治癒過去的創傷，並清除生活中的不健康關係與有害壓力。他下結論說：「你需要尋求協助，你需要獲得安全，否則病情若以這速度發展下去，你可能只剩下兩到三年的壽命。」

麗貝卡徹底改變了自己的生活，至今十多年過去了，這期間，她完成了神經生物學與學習神經科學的博士後學位，並結合所學幫助人們療癒創傷與慢性壓力，以整體而全面的角度去了解身體與大腦系統。如今，麗貝卡．格蘭傑－艾利斯博士是一位屢獲殊榮的研究員和執業者，過去二十年來，她在推動政策改革與系統變革方面一直扮演開路先鋒，與全球的領導人物建立了廣泛的合作網絡。她與政府部門、領導機構、聯合國兒童基金會（UNICEF）與世界銀行合作，幫助世界各地的創傷倖存者，包括瓜地馬拉的孤兒、美國卡崔娜颶風的倖存者、土耳其地震災民，以及西巴爾幹地區因戰爭而飽受創傷的世代居民。

馬克．波洛克和麗貝卡．格蘭傑－艾利斯博士不僅都在身體和心理上經歷過幾乎令他們崩潰的重大打擊，他們還成功地擺脫困境，變得更堅強，並更加熱衷於自己的領導力和人生使命。然而，並非每個人都能在跌倒後重新爬起來。為什麼有些人擁有強大的韌性，有些人卻較難自我療癒呢？當我向麗貝卡提出這個問題時，她的表情瞬間亮了起來，顯然我們談論的是她熱愛的主題。她花了八年的時間研究適應力與逆境經歷的神經科學。除了自己的研究，她還提了其他兩項研究，並引述了倫敦國王學院（King's College）的一項綜合分析報告。這份分析報告總結了經歷八十五年以上的韌性研究，她進一步解釋她所謂的「具備韌性與適應智慧之個體」的三大特質。

具備韌性之個體的三大特質

1. 擁有讓心理感到安全、信賴的連結

＊與一個值得深深信任的人建立一對一的連結，一個無論何時都可以向他尋求幫助、建議或提供不同觀點的對象。

＊這種「正面社交支持」甚至可以克服環境和遺傳上的脆弱性，提升個體的韌性。

2. 幽默感

＊幽默和外向是積極的應對策略，這是一種不過分嚴肅看待自己或生活的能力。笑聲能刺激迷走神經，活化副交感神經系統，有助於維持平衡和健康的身體「預算」，同時釋放多巴胺、血清素和催產素，創造更積極樂觀的心態。

3. 在面對負面事件時表達正面情緒的傾向

* 能夠用不同視角看待困難經歷，將創傷視為一份帶來轉變的禮物，讓個體能夠控制焦慮和恐懼。
* 擁有在認知上重新架構的能力，能夠說：「這不能定義我，我將它視為一個幫助我轉變目標的禮物。我根據自己的標準定義自己，並因此改變世界。」

有時候，生活帶給我們的考驗是如此巨大，以致唯一的出路只剩向內走。在我經歷改變人生的時刻時，我記得自己感覺是在為生命戰鬥。我真心害怕自己無法再次找到立足之地，再也無法找到任何希望或火花。地球上的每個人都曾遭受創傷，遭遇各式各樣或大或小的挑戰，這些挑戰可能包括出生、失去摯愛、重大疾病、衝突、被忽視、離婚，或是職場上的失意等。幾個世紀以來，人類創作了無數的神話和故事，描述痛苦與艱難時刻如何幫助我們成長，讓我們回歸真實的自己。我們可能比喻上或實際上瀕臨死亡，然後體驗重生。無論是被迫還是自願經歷的重大改變，只要我們順應InnSæi，這些改變都能幫助我們在人生旅途中以最美妙的方式重新改造自己。

擁有堅韌根基的樹與人

我要分享的第三個故事聽起來或許像個神話，但卻是個真實故事，故事關於如何讓我們的身心深深扎根於大地母親與自己的靈魂中，讓自己在艱難的時期堅持下來並成長的力量。這是旺加里·馬塔伊的故事，她因為種植樹木這個簡單的行動而榮獲諾貝爾和平獎。

在她的回憶錄《不屈不撓》（*Unbowed: A Memoir*, 2006）一書中，旺加里·馬塔伊描述了自己從童年肯亞的鄉村生活走向世界大舞台的非凡旅程。她的祖父母一代成長於肯亞高原，那裡四季分明，居民一向能獲得充足的糧食。但是殖民主義加上對自然資源的非永續性管理，嚴重擾亂當地居民的生活，破壞了生態系統的自然循環，導致社會不穩定和沙漠化的現象。

肯亞傳統上種植的樹木，如榕樹，生長緩慢，但是根系強壯，能延伸至地底深處，穿過地下岩石，汲取地底深處的淡水，再通過根系將水分帶到地表，如此維持整個生態系統充足的水分與繁榮。然而，在殖民時期，當地的樹木被生長速度更快的外來樹種所取代，因為它們可以被快速砍伐後運往歐洲出售。新樹種的根系較弱，無法幫助水分流動至地表，最終導致沙漠化和生態系統的惡化。與殖民主義一同到來的還有基督教信仰，這種對天上有著唯一真神的信仰取代了原本讓人們與居住土地緊密相連的傳統信仰。

旺加里．馬塔伊是東非與中非第一位獲得博士學位的女性。她返回肯亞後，便立志重建她的族人與大地之間的緊密關係，恢復其自然的生態系統。一九七七年，她發起了「綠帶運動」（Green Belt Movement），這場著重於賦權女性的重要環保運動迅速在非洲蔓延開來。在這個過程中，她不斷遭到肯亞政府的打壓拘捕，個人蒙受重大損失，而且多次入獄並遭到毆打，但她始終堅持致力於拯救肯亞的森林、恢復國家的民主。我們決定將紀錄片《InnSæi：內在之海》獻給旺加里．馬塔伊，因為她專注於種植根系強健的樹木所產生的漣漪效應，在她的祖國帶來了社會和政治上的改變。在我們看來，她的工作與成就是一個美好的例子，說明了InnSæi的魔力——當我們關注自己那些看不見卻深植於靈魂與大地母親之中的根時，無論是生態系統還是個人都將能夠蓬勃發展。

內外世界的投射

一個人完全可以行屍走肉度過一生，活成自己的一道陰影，靈魂依然在內心深處沉睡。例行公事般地工作、履行責任義務，與朋友見面時笑一笑，但笑聲也非發自真心的；你想不起上次哭泣是什麼時候了，親密時刻少之又少，幾乎絕跡，也好久不曾有過肅然起敬與驚奇的感受了。彷彿你的細胞雖然活著，也各盡其職，但並未煥發生命的光彩。

面對我的恐懼，與痛苦為友，放下控制欲和無用的信念，成為我獲得療癒、重生並撰寫這本書的重要過程。在我最艱難的時刻，我感覺自己被困住了，不僅受困在自身「所在之處」，也受困在自己的身體中。我曾將自己的健康、事業、感情和相關的未來計畫視為理所當然，幾乎認定它們是我堅實的立足點。當這些東西開始分崩離析，我仍堅持苦撐，但我的身體已經對我發出警訊了，它在告訴我並非一切都安好。雖然我在這幾個方面出現斷聯與脫節的現象，但我最大的脫節感來自與靈魂的脫節。我知道，我內在的某個地方仍存在著某種安全感與契合狀態，我必須重新找回自己內在的指南針。

我辭去聯合國那份「夢想中的工作」時，並非因為一時迷惘，也不是因為我初為人母（還可能是單親媽媽），而是因為我覺得自己與InnSæi的脫節強烈反映在我所看見的周遭世界。彷彿有人拿著一面鏡子，映照出我自己，以及我所處的工作體系狀態，這個畫面是支離破碎、了無生氣的。一直以來，我學習的是如何理解體系、服務體系，而非在一個為人類與地球服務並與它們保持緊密連結的體系中工作，這就是我為何感到如此脫節的原因，我相信這並不是個正確的前進方向。從那時起，我便決定以找到內外在世界的平衡這個主題為工作重心，並為生活中那些人性化、創造性與無法量化的面向創造空間。我發現，我們錯將地圖當作全部的疆域。我們專心在地圖上找路，因為地圖所呈現的世界是可量化的、能輕易劃下範圍的，但我們卻忘記了疆域的真實面貌——那是一個壯麗、多元、變動不居、生機勃勃且無比複雜的生命網絡。

我希望能擺脫這個各自孤立且毫無生氣的系統，像旺加里・馬塔伊的榕樹一樣，將我的根深深扎入充滿生機的大地，與一己內在、他人與世界重新建立起連結。我希望自己能夠處於當下，能夠勇敢並擁有寬宏的精神。我能感受到身體內每個細胞的潛力都在發光，就像內在海洋中的發光生物粒子那樣，放出光芒，那雖然不可見卻是能充分具體呈現的。我內在的重心正在轉移。

成功與事業階梯的概念對我來說，也有了和以往不同的意義。我發現，生活的意義不在於地位、薪水或各種頭銜的高低，我自身的價值並非來自於那些象徵價值的物質，例如勛章、皇冠或斗篷。真正最重要的事，是感受到內心深處的契合感，那麼所有其他的一切都將由此開展。這成為我衡量成功的核心標準。我也希望能有勇氣去擁抱那個最脆弱的自我，以成為最強大的自我。我還在學習。

痛苦將我帶回到自己的身體，也帶回到自己內在的家園。我的InnSæi被啟動了，我因而獲得它所帶來的信心與安全感。我們與**內在之海**的連結越深，就越能夠成長茁壯、重生，並感受到與地球、與他人的相互連結。

我們選擇如何訓練自己去觀察、感知、生活並共同創造我們的系統、過程與文化，將決定未來我們在地球上會過著什麼樣的生活。很重要的是，我們必須以符合道德的方式來活化InnSæi，以產生足以實現夢想世界的漣漪效應。地球本身的限度（planetary boundaries）限制了它能量的再生能力。當我們過度消耗資源或對地球使用有害化學物質而跨越這些限度時，地球將失去它更新複雜生態系統的能力。同樣地，我們也必須認知到自己的限度與界限，並確保自己與他人不會越界，如此我們才能蓬勃發展。如果所有的變革者、守護者、創新者、企業家、創意思考者與生態創業者都能順應自己的InnSæi，與之契合，這將幫助我們在未來動盪不安的時期集體實現當下的覺醒與繁榮。

啟動InnSæi的關鍵要素

* 度過痛苦的方式是「看見它」、承擔它，並容許自己經歷它。
* 痛苦在對我們說話，重要的是我們必須傾聽，才能痊癒。
* 我們是自己的治療師。
* 痛苦可能會儲存在我們的身體內，妨礙我們與InnSæi的連結。
* 當我們關注痛苦，它會帶領我們回歸自己，重新連結上身體。
* 透過寫日記記錄你正在經歷的一切，並對你信任的人傾訴心聲，便能將痛苦轉化為行動。務必要喝足夠的水、創作、表達自己、伸展身體、釋放身體的緊張感。這些都有助於你的療癒。

* 為這項工作留些時間，過程中不要強迫。
* InnSæi連結你的心靈與身體，讓你觸及內在自我。與內在失去連結可能導致身體崩潰。要學會傾聽你的InnSæi。
* InnSæi幫助我們設身處地為他人著想。我們注意力的焦點將決定我們前往何方並塑造我們的生活。
* 就像地球一樣，我們也要設定界限來保護自己，才能使我們再生並與InnSæi保持契合。
* 與我們的內在深處保持連結、與地球保持連結，能讓我們與生態系統一同蓬勃發展。

第3章

內在之海：了解你的InnSæi並順應它

當萬事萬物都與其他事物息息相關時，
無論好壞，每件事都舉足輕重。

——布魯斯・茅（Bruce Mau），設計師與教育家我們生活的世界是複雜、無常、變化快速且非線性的。在諸如旅行、尋找同類夥伴、知識累積、氣候變遷與科技等方面，變得越來越無邊界。在這樣的系統中，一處的細微變化就可能會在另一處造成難以預料的影響。一隻蝴蝶在德州拍動翅膀，便可能造成巴西的颶風。北極冰層的快速融化導致全球海平面上升，迫使地球其他地方的數億人不得不逃離、遷徙；沿海的首都甚至必須搬遷到地勢更高的地點。

我們所生活的世界，從比喻上來看像極了海洋。它不斷變動，潮汐與海浪從未知的方向挑戰著我們，迫使我們必須意識到自己前進的目的地，以及如何抵達。生活在這個廣闊且複雜的世界中，我們可能覺得彷彿孤零零地漂浮在海上，放眼望去不見陸地。第一條生存法則是抬起頭，避免溺水；第二條法則是決定游向何方，而這無疑更加困難。

意識的海洋

海洋是地球這個家園的心臟與肺，也是意識的最古老象徵。海洋覆蓋了地球三分之二的表面，供給我們呼吸的清新空氣與飲用的淡水，這還只是它幫助我們活下去的其中幾種作用。想想內在的海洋，它的各種現象與潮起潮落，它如何在靜謐與狂暴、循環與停滯、最深沉的平靜與最淺的波動之間不斷變化著。

當壓力、恐懼與焦慮的狂風暴雨朝我們襲來，它們擾動著我們的心思，有時甚至難以控制，正如狂風暴雨侵襲海面那樣，掀起洶湧波濤。然而，海洋的最底層始終是最平靜的部分，一如我們的心。想要抵達該處有賴於練習與自我掌控。我們可以靜心冥想，有意識地緩慢、深長地呼吸，我們可以觸及那最深沉的平靜、內在的平和、清晰的思維，以及我們與InnSæi的最強連結。

地球上的所有生命都發源自數十億年前的深海。意識是我們內在運作不可或缺的要素，對我們來說亦是最自然的本能，以至於我們很可能一輩子都不曾認真思考過它。然而就許多方面來說，意識**就是**生命本身。這片廣袤無垠且無形無相的意識海洋，超越了我們想像的極限。一顆假想的石頭若被丟入其中，產生的漣漪效應可能是我們毫無覺察的，但是在未來卻可能以想法、情感、夢境、反應、決定或是「突然開竅」的頓悟時刻等形式表現於外。我們內在的海洋不斷與周遭世界互動，我們與他人的界限因而變得模糊起來。有些人說，有一種宇宙意識存在，而人類是它的一種表現形式，如同波浪是地球上海洋的表現形式。這意味著我們是意識海洋中的波浪。我們是它的一部分，而它也是我們的一部分。多麼美妙，不是嗎？

想像你站在沙灘上，面向海洋，海風輕輕吹拂著你的臉頰與髮絲，你呼吸到海水的氣息，唇邊嚐到海水的味道。你讓海浪的聲音與自己的呼吸合而為一時，潮浪拍打海岸時吸氣，潮水退去時吐氣。你的呼吸越深沉，心就越平靜，你和你自己、他人以及世界的連結也就越深。這便是流動的能量；海浪在海洋內傳遞能量，就如同你的呼吸在你生命內傳遞能量。當你望向遙遠的地平線，你會看見無邊無際的海洋，一個看似沒有盡頭的水體。

十分鐘靜心冥想

- 找到一個舒服的姿勢。
- 閉上眼睛。

- 想像海浪拍打海岸並退回大海的畫面，聆聽它們發出的聲音節奏。
- 當浪花向海岸襲來時吸氣；當它們向外退回大海時吐氣。
- 感受你內在的那片海洋。

我看見你了

我們每個人都渴望被人看見，而且首先不僅必須承認我們在這世上的存在，還要包括我們對生活的貢獻、感受與經歷，以及我們的需求與才華。當我們被他人看見，它會激發出我們的能量，增強我們的力量。這種歸屬感對我們的幸福至關重要，能夠給予我們目標和意義。相反地，失去歸屬感會導致壓力、幸福感降低、憤怒，甚至憂鬱。

被他人看見並能看見他人，是生命生態系統的一部分——是「活著」的感受。這是我們照亮彼此並共同繁榮的方式。我們是社會性動物。我們文明的演進是藉由說故事及社交互動來發展的，而這些互動是建立在這些我們所述說並相信的故事上。向他人傳遞我確實**看見**你的訊息，並感受到自己被他人看見，並不限於言語上的交流。交流和傳遞訊號的方式遠遠超越了語言文字，它也會透過身體語言以及人與人之間腦波的無形互動與同步狀態來進行。

這種微妙而無形的人類交流有一個令人難忘的精彩例子，就是瑪莉娜・阿布拉莫維奇（Marina Abramović）於二〇一〇年在紐約現代藝術博物館（Museum of Modern Art，常簡稱MOMA）展出的行為藝術作品「藝術家在場」（The Artist is Present）。在這場表演中，觀眾被邀請一一坐在瑪莉娜對面，與她進行長時間的深刻眼神交流。經歷了三個月、大約七百小時的靜坐，她在過程中坐在一張堅硬的木椅上，僅透過眼睛與人們交流，最終讓這場展覽打破了MOMA的參觀紀錄——而MOMA是世上最受歡迎的藝術博物館之一。人們為了與她見面不惜大排長龍等候，甚至在博物館外過夜。透過深深注視陌生人的「靈魂之窗」，瑪莉娜得以表達出她確實「看見」他們了。瑪莉娜解釋道：「這次的表演實際上是關於當下的存在感。」

在我們為紀錄片《InnSæi：內在之海》採訪瑪莉娜時，她在紐約郊區的星形房子裡談到人們在心與頭腦之間的脫節現象：

現今的人之所以脫節，是因為他們大部分的時間都活在頭腦裡，而不是跟著自己的情感走……我的功能是為他們百分之百地存在。為了做到這一點，呼吸的模式非常重要。你知道，你呼吸變快的時候，注意力就會降低，但如果你緩慢且有節奏地呼吸，就能進入那種當下的心境，這讓你能與眼前的人建立連結。這就是實現非語言交流的方式。」

瑪莉娜發現，在她與訪客在擁擠的博物館中央彼此面對面的那段高強度時刻，許多訪客都帶著「巨大的痛苦」。

「他們將痛苦投射到我身上，而我能感受到他們的痛苦。我只是一面鏡子，你知道嗎？」

對瑪莉娜來說，這場表演的重要意義在於讓我們更加意識到我們總是很忙碌，從來沒有為自己騰出一些時間只是單純坐在椅子上，什麼都不做。但她解釋道：「當你終於走來，坐在我面前的那一刻，你會被其他人注視著、被攝影機拍攝、被我注視著，你無處可逃。沒有地方去，你唯一的去處就是進入自己內在。當那一刻來臨，當那種連結發生時，你會開始真正地與自己在一起，而這其實是我們一直在迴避的事……一輩子都在迴避。」

她進一步說明：「我認為這個作品能成功的原因之一，是因為它是非語言的。它不是關於解釋情感，而是直接去感受它們。」因為藝術的本質是表達，因此它有能力去深刻影響他人，感動他人，這讓藝術不僅包含了物質面，也充滿了精神面。試想你看見一位知名鋼琴家在舞台上彈奏，技巧完美無瑕，卻缺乏熱情或表達力的情況；再試想這位鋼琴家以相同的技術水準來彈奏相同的曲目，但加入了充沛的情感表達，讓他的心靈、直覺與頭腦達成完美的流動狀態。這會讓表演變得截然不同，它會觸動你——它在你內在的海洋激起波瀾。

當這種情況發生時，我們見證到的是一種人們將靈魂與情感融入物質所產生的奇妙鍊金術。無論我們的工作內容或職業為何，每一個人都能啟發、激勵他人。我們可以選擇慷慨分享自己的靈魂，或是將其隱藏起來。我們可以與自己和他人連結，也可以選擇斷開連結。瑪莉娜決定選擇連結，慷慨地分享她的靈魂。這種慷慨之舉讓能量流動起來，並感動了世界各地數以千計的人。如今，人們仍以她的精神作為指引，進行類似的表演活動，讓陌生人彼此面對面，透過眼神進行無聲的交流。

聚光燈

瑪莉娜將我們的注意力從傳統的人際互動與交流轉移到其邊緣地帶。瑪莉娜發表該作品之後，美國和俄羅斯的科學家對她的腦部進行了研究。實驗中，她重現了之前的行為，坐在陌生人面前凝視對方的眼睛。雙方頭部都裝上所謂的腦電圖（EEG）儀來監測腦波活動，並將其投影至他們頭頂的螢幕上。螢幕顯示，腦波在無形中互相連結並進行交流。當我們與他人共同完成某項任務時，大腦會出現同步現象，人與人之間頭腦意念的界限開始模糊。這種情況甚至可能發生在同處一室的陌生人之間。當我們花費大量時間與他人相處，甚或共同生活時，我們的大腦會開始同步，甚至到了形成類似想法和觀點的地步。

作者兼精神科醫師伊恩·麥吉爾克里斯特對人類大腦和意識的複雜運作有廣泛的研

究與論述。從最廣義的角度而言，意識通常分為「有意識」（我們覺察到自己覺察到的部分）與「無意識」（我們沒有覺察到自己覺察到的部分）——而我們的頭腦只有一小部分是有意識的。當我們學習新事物或需要解決問題時，我們會讓頭腦或意念專注，然而，當事情變得熟悉後，譬如騎腳踏車，它們便會落入無意識領域，那是我們再也不會去特意關注的領域。熟悉感可能讓我們陷入一種行屍走肉或麻木存在的狀態，讓我們不再去注意自己正在做或正在看的事情，那些原本可以豐富我們生活、照亮我們存在的微妙線索與細節。

伊恩解釋道，直覺是我們通往無意識頭腦的入口，如果我們切斷它，就等於除去了我們大部分的所知，因為在我們頭腦活動的過程中，有意識的部分極少——事實上，大約有百分之九十九的部分都是完全無意識的。正如他在電影《InnSaei》中所說：「直覺的作用是提醒我們那些我們遲鈍的意識沒有覺察到的事情。」想像你的手機只剩下百分之一到五的電量會怎樣？這麼低的量，正是我們對周遭世界及內心活動的有意識認知程度。

重要的是必須記住，有意識和無意識並非分別獨立存在的實體，而是一個大的整體。伊恩用「聚光燈」的意象來解釋，幫助我們理解如何選擇引導注意力的不同方式。

試想你坐在一座劇院裡，面前是漆黑一片的寬廣舞台。一道聚光燈突然從高處照亮舞台的一小部分，你所看見的這道聚光燈代表了我們有意識且專注的意念，而舞台的其餘部分則是龐大無邊的空間，猶如一片汪洋，沒有明確的邊界。如果你移動聚光燈，就能讓專注意念的邊緣部分獲得更多關注。為了能這麼做，我們必須依賴一個人整體的身心存在——包括大腦、心靈、直覺、雙手，以及我們所有的感官。儘管無意識無形無相且難以界定，它卻是我們經驗中最重要且最廣泛的部分。我們在其中辨別、推理、分析、尋找美感、處理挑戰、解決問題、想像可能性、墜入愛河等等，這些活動多半都沒有被充分意識到。無意識是其他一切事物的基礎，如果我們願意，可以更深入地了解它，與它建立更緊密的連結。當我們藉由移動注意力的聚光燈來關注世界，依賴感官、情感和整個身體去探索專注意念周邊的事物時，我們將更能在直覺與理性之間找到平衡，也能更全然地處於當下。

如何重新喚醒你的意識

- 當你置身一個非常熟悉的環境（例如在會議室、大眾交通工具上，或是與親朋好友一起用餐時），試著留意那些平時不太注意的事物。觀察周圍的人如何使用手勢，留意空間中的聲音、顏色、動作，以及每個人的說話內容。
- 與陌生人對話。主動傾聽對方的說話內容，試著了解他們的立場和背景，而不做任何評判。
- 嘗試繞路，走有別於平時的路線。多走一個街區，到一個完全不同的社區購物，收聽一個「完全不符合你風格」的電台節目，或者在一天當中留意所有綠色的事物。

讓內在的海洋平靜下來，找回清晰

- 英文的「情緒」emotion這個字彙，原意是「激起、移動或攪動」。讓你的情緒激起波瀾，但不要讓它們淹沒你。你不必成為大海，而是要學會順利航行其中。找一個舒適的姿勢，深呼吸幾次，釋放所有的緊張和煩惱。感受你的身體漸漸放鬆下來。
- 想像你的內心是一片寬廣的白色空間。你能夠走進去，四處張望，然後找到一個可以坐下來的地方。
- 當你找到那個地方時，環顧四周，發現你的思緒在你周圍繞圈圈，就像一幅幅的畫面或短片。所有的念頭與擔憂都在你頭腦裡的這片白色空間中飛舞。
- 有意識地觀察它們的移動，承認它們的存在，然後允許它們離開你頭腦裡的空間。重複進行，直到你能感受到內心那片白色空間變得空曠、祥和、安靜。

讓生命點亮你

地球之所以常常被稱為「藍色星球」有個很好的理由，因為地球上幾乎所有的水都來自海洋，而海洋覆蓋了地球表面約百分之七十的面積。同樣地，我們的人體主要也是由水組成，而且在沒有水的情況下最多只能撐兩到三天。我們出生時，身體約有百分之七十五到八十的成分是水，但隨著年齡增長，這個比例會逐漸下降。當我們過世時，身體中的水分比例會降至百分之四十到五十。由此可見，水對於我們的能量與存在來說是多麼的根本。

此外，藉由太陽、月亮和無數微小生物之間複雜的相互作用，海洋促成了整個生態系統的繁榮，產生了地球上百分之五十到八十的氧氣，也就是說，我們此刻的每五次呼吸當中，最多就有四次呼吸的氣息是來自海洋。難以想像吧！我們的InnSæi也以類似的方式運作，指引著我們做出決定並確保我們的生存。

這賦予生命的氧氣，其神奇製作過程的主要驅動力是來自一群微小的漂浮植物，稱為浮游植物或微藻。它們通常肉眼無法看見，但是透過顯微鏡，我們可以看見它們美麗的形狀、最微小的細節和功能性結構，堪稱一件藝術品。

地球海洋的表層充滿了這些行光合作用的浮游植物。根據美國國家海洋與氣象局（National Oceanic and Atmospheric Administration，NOAA）的說法，它們產生的氧氣比最巨大的紅杉樹還要多。雖然它們僅占全球植物生物量的大約百分之一，卻貢獻了大氣中至少一半的氧氣。其中一種名為原綠球藻（prochlorococcus）的細菌，是地球上最小的光合作用有機體，卻能產生全球生物圈中多達百分之二十的氧氣，這個比例超過所有熱帶雨林的總和。

這一切都顯示，體積大小並不重要。在志同道合的生物聚集的群體中，我們可以用自己的意義點亮世界。當夜幕降臨，有些海洋生物體會開始在黑暗中發光。如果你還沒見過這個景象，試著想像：你站在海邊，聽見海浪的韻律聲，看見海面在夜晚隨著波浪律動，被數以千計閃爍的小光點照亮。這種現象稱為「生物發光現象」（bioluminescence），英文中bios的意思是「生命」，lumen的意思是「光亮」；它們是被生命點亮的。

就像陸地上的樹木和其他植物，浮游植物也擁有綠色的葉綠素，使它們能捕捉陽光，進行光合作用，將陽光轉化為能量。它們同時能吸收二氧化碳（過量的二氧化碳會製造汙染）並釋放氧氣。它們的生命多麼有意義啊！

比喻上來說，我喜歡設想人類似乎也能行光合作用。在陽光下一趟愉快的散步能讓我們充滿活力，陽光對我們的存在不可或缺，它為我們提供健康骨骼和免疫系統所需的維生素D，從而增進我們身心的健康。此外，若我們能比喻上地在生活中吸收光——例如美好、敬畏心與正面能量等，我們會充滿更多能量，人類群體也將更為成長茁壯並懂得關愛他人。

當我們被自己所愛的人**看見**，並能以慷慨寬宏的心對待他人時，生命的光芒將會增強。你一定體會過那種感受——整個人光彩照人、眼神發亮的感覺，你看起來容光煥發，或者更棒的是，你覺得自己熱情如火！我們會告訴至親好友要專注在人生的光明面，或是感謝他們成為「光的戰士」，為我們的生活帶來正面能量與愛。而當生命將我們推向極限，我們的能量降到最低時，我們的光芒會隨之黯淡下來，這時人們可能會告訴我們「隧道的盡頭有光」。在這樣的時刻，要記住，無論我們感到自己多麼微小和無足輕重，我們從不是孤單的。我們可以透過有意識地想像海洋中的波浪、深深地吸氣吐氣來點亮自己的細胞。我們可以攪動那片內在的海洋，幫助它保持流動，保有活力、健康、創造力與生命力。我們甚至可以想像體內的細胞在黑暗中發出光芒，就像隨著波浪起伏的浮游植物一樣，這能讓我們重新恢復活力。

如果沒有大自然控制大氣中二氧化碳與氧氣平衡的能力，我們就無法享受地球過去一萬年來的穩定氣候與生態系統。而若我們在吸氣吐氣的深呼吸之間，或在直覺與理性頭腦之間無法取得平衡，我們內在海洋的流動就會受到阻礙。我們需要這種平衡來創造能量、散發光芒，進行「光合作用」。

水的練習

- 聆聽水聲。可以在網路上尋找靜心冥想用的水聲，或是坐在噴泉、河流、小溪或瀑布旁。有意識地靜心聆聽幾分鐘，然後想像這些水聲進入你的內在。

- 在家中，找到一個舒適的姿勢，閉上眼睛，深呼吸幾次，讓頭腦平靜下來。
- 想像自己走進一座美麗的綠色花園，你看到一座池塘並走向它。坐在池塘邊，注視水中自己的倒影。水面是平靜的還是泛著漣漪？你的臉是清晰的還是模糊的？
- 有意識地深呼吸，注意水面如何漸漸靜止下來，直到它清晰地映照出你的樣子，如同一面鏡子。微笑。

流動

我的朋友，要像水一樣，水能透過裂縫找到出路。
如果你內在沒有任何僵固的東西，外在的一切將會自行顯露。

——李小龍，引自李香凝所著的《似水無形》（*Be Water, My Friend*, 2020）

我們內在的海洋越是循環、流動，世界就越會向我們敞開。當我們不再試圖控制那些無法掌控的事，選擇信任生命之海，我們會變得更堅韌、更輕盈。內在的海洋象徵我們內在世界無邊無際的本質，那是每個人內在的一個宇宙。那是超越語言文字的世界，一個充滿願景、情感與想像的世界。

內在之海持續在運動，將我們透過身體、心靈、感官和大腦所獲取的數百萬、數十億的訊息與體驗連結起來。它既複雜又活潑，它無法像汽車一樣，能拆解成個別的零件再重組。它的複雜更像是一片遵循自身邏輯的雨林，自成一個蓬勃生長的生態系統。這片海洋醞釀、塑造著我們在無意識中吸收的事物，讓我們在後來能夠用言語表達出來。內在之海無法被禁錮，否則它便會停止流動。現在，是時候了，我們必須深入探討「流動狀態」的確切意義，以及它如何直接連結到我們InnSæi的自然循環並提升其力量。

正如《誰偷走了你的專注力？》（*Stolen Focus,* 2022）一書的作者約翰．海利（Johann Hari）所說，流動狀態是「人類所能給予的最深層關注形式」。當我們完全沉浸在一種充滿能量的專注狀態時，便會與所做的事情融為一體，我們稱之為「忘我境界」（in the zone）。流動狀態是一種最佳的意識狀態，我們在這種狀態下的感受與表現都是最佳的。德國最成功的手球俱樂部教練之一，也是國家隊教練阿爾弗雷・吉斯拉森（Alfred Gíslason）對這種感覺再熟悉不過了。我採訪他時，他說：「有時候，我在開賽前會完全進入比賽狀態，周遭的一切都消失了。我只活在比賽中。」

他不會注意到觀眾席的人群，哪怕有人直接對著他說話也一樣。「有一次，有個熟人在柏林的一場比賽走向場邊跟我打招呼，卻在賽後對我們共同的朋友抱怨，說我表現得好像不認識他。我的朋友對我提起這件事時，我根本一點印象也沒有。」阿爾弗雷如此徹底沉浸在比賽中，甚至他的神經元都開始放電，身體的動作也彷彿他親自在場上比賽。

一位專門研究神經元的奧地利運動教練曾指出，阿爾弗雷在手球比賽進行時的場邊行為是鏡像神經元作用的最極致例子。鏡像神經元基本上會模仿他人的動作與行為——看見別人行動時，你的身體感覺就像是自己在行動。我第一次聽見鏡像神經元的概念時不禁莞爾，因為這讓我想到，當我與朋友相處甚至接觸陌生人時，也會不自覺地模仿他們的行為。譬如看到別人打哈欠時，你也會跟著打哈欠——而微笑同樣具有傳染力。雖然我們還需要更多這個領域的研究，但是學習、同理心和慈悲心或許都依賴著這種鏡像神經元系統。同樣的原理也可能適用於我們所經歷或接觸到的破壞性、暴力或侵略性的心理過程。這些微小的神經元有著強大的力量。

身為開路先鋒，馬克・波洛克正在積極透過物理治療與機器人科技探索脊髓損傷康復的未知疆域。二〇一六年，他在電脈衝和機械外骨骼（robotic exoskeleton）的幫助下，成功實現了行走。這種運動將他的心率提升到有氧訓練的範圍，這是他自癱瘓以來從未達到過的心率。如阿爾弗雷・吉斯拉森一樣，馬克・波洛克也是極為鼓舞人心的領導者，他慷慨地向世界各地的人們分享自己所學習到的課題。當我問馬克會如何描述直覺或InnSæi時，他首先想到的是一種「本能感受」（gut feeling），但越想越覺得這無法完全捕捉到其本質。他認為，那更像是一種在「流動狀態」中發現的、改變後的意識狀態，那是他正在訓練自己可以隨時進入的狀態。他說：「作為這項研究與訓練的一分子，我了解到我們的大腦新皮質會關閉，讓我們失去自我感，時間會擴張，彷彿加速或減慢，然後一切變得毫不費力。或許和你的問題最相關的一點是，我們的身心表現會達到一種我們從未想過自己能達到的境界。」馬克的觀點是透過流動狀態探索人類的表現潛力，但他發現，要駕馭這種流動狀態來充分實現潛能，關鍵在於強化直覺，並讓頭腦裡的那位「編輯」暫時退場，也就是我們內心那個批判性的聲音。它不斷評論我們的所作所為，對我們是否有能力去做或去實現自己渴望的事做出假設。對於作家、藝術家或任何想要說出內心話、憑著信心勇敢一躍的人，這是讓創造力流動的最常見阻礙。馬克繼續解釋道，進入流動狀態讓我們與自己、他人及周圍世界產生超強連結。馬克說：「流動狀態讓我們能無意識地或憑直覺表現出平時無法發揮的潛力，在平時，複雜的大腦前額葉皮質接管思維，導致我們過度依賴理性和邏輯，因此我們是無法做出如此表現的。」

米哈里・契克森米哈伊（Mihaly Csikszentmihalyi）或許是流動領域裡最知名的專家。他在其開創性著作《心流：高手都在研究的最優體驗心理學》（*Flow: The Psychology of Optimal Experience*）一書中提出了一個著名理論，認為人們在處於流動狀態、完全沉浸於一項有挑戰但可完成的任務時是最快樂的。在這樣的時刻，人們對活動的投入如此之深，以至於其他一切都變得無關緊要，他們處於「忘我境界」或說「得心應手」的狀態。這時大腦前額葉皮質的功能被削弱，內心那個批判、過度分析和懷疑的聲音被擱置到一旁，使他們能夠發揮最佳表現。

流動狀態不僅能提升我們快樂與身心健康的感受，還能增強創造力與生產力。正如米哈里・契克森米哈伊所說，流動是一種「人們如此專注於某項活動，以至於其他一切都變得無關緊要的狀態；這種體驗令人無比享受，因此即使要付出巨大代價，人們也會繼續去做這件事，就單純只是因為想做。」他們內在的海洋自由自在流動，不受束縛，便與李小龍「似水」的比喻產生共鳴——當他們內心不再有任何僵固的東西，世界便會向他們敞開。契克森米哈伊強調，幸福快樂並非一種僵固、不變的狀態，相反地，需要堅定的持續努力，幸福才能化為現實。

我相信，這個世界裡有深刻的意義等待我們去發現，而非發明。

這取決於我們如何改變對世界的態度與感受。

好比照料花園，植物會在適當的時間自行生長。

現今，我們周遭百分之九十九點五的事物一般都被認為是無意識的，

這不是件壞事，因為真正豐富的事正是發生在這裡。

釋放人們的直覺非常重要。

——摘自作家及精神科醫生伊恩·麥吉爾克里斯特的訪談

麥吉爾克里斯特認為，我們困在了邏輯與理性思維裡，這讓我們難以活在當下，與直覺和我們生活其中的世界失去聯繫。在他的比喻中，「主人」（the master）是那片廣大、無意識、直覺性且具整體感知的頭腦意念mind，而「使者」（the emissary）是僕人，透過其組織、分析、計算和執行的能力來協助主人將其意念化為現實。隨著時間的過去，「使者」，也就是我們的理性和邏輯思維，誤解了自身的角色，認為自己才是「主人」。因此，麥吉爾克里斯特認為，這種現象從根本上讓我們與更廣闊、更開放的世界觀脫節。概括來說，在麥吉爾克里斯特的書中，他將右腦比喻做「主人」，左腦則是「使者」。這兩個半腦之間的區別不在於它們**做什麼**，而在於它們**怎麼做**。

他在紀錄片《InnSai》中解釋道：「基於進化的理由，我們必須能夠以兩種不同的方式關注世界。一方面，我們必須能夠廣泛地與世界聯繫，另一方面，我們也需要操控它。我們需要這兩種方式，一種是縮小焦點的，另一種是廣泛、開放且持久的警覺。」麥吉爾克里斯特指出，縮小焦點的方式並非不重要，相反地，它在幫助我們組織訊息與知識、計算、計畫和分析，以及其他方面等都十分重要，但是它的負面影響在於，它奪走了我們進入流動狀態、擁有宏觀視野、處於當下、直覺與創造的能力，讓我們無法了解萬物如何相互連結，以及如何作為複雜整體的一部分。

多數人或許被訓練成以孤立的方式探索世界，並以此為指引。這表示我們將知識分成不同學科，而彼此之間往往缺乏互惠的交流，無法形成整體性的世界觀。每十秒鐘就有一篇學術論文發表，每年大約有三百萬篇。每篇論文都經歷長時間的研究、同儕審查和修改敲定。大量的精力、時間與資源投入在這些研究論文上，但甚至無法確定有多少人會去閱讀。例如，根據約翰・洛克史托姆（Johan Rockström）和歐文・加夫尼（Owen Gaffney）在其著作《突破界限》（*Breaking Boundaries: The Science of Our Planet*, 2021）裡所說：有一種名為p53的蛋白質，相關論文已經發表了超過七萬篇；關於自動駕駛車輛採用的演算法，也已經有超過一萬篇的論文。

「如今，隨著大量的資訊散見於不同學術期刊中，且多數被付費牆所限制，研究工作顯得混亂、零散、缺乏系統性且難以跟上，即使是對那些在該領域活躍的專家而言也是如此。」洛克史托姆與加夫尼如此寫道。在《人類的探索》（*The Human Quest*, 2012）一書中，洛克史托姆和馬提亞斯・克盧姆（Mattias Klum）認為，我們不僅需要與地球重新建立聯繫，以確保獲得永續發展與必要的思維轉變，還必須提升創造力、直覺並擴展意識。InnSæi是一種交互啟發的催化劑，能讓起初看似無關的事物從混沌中創造出有序的宇宙，進而開啟一個新世界。從內在的海洋中出發，我們更能夠清楚看到萬事萬物其實是整體的一部分。

尋路人

「當我們將這些知識與觀察上的天賦加以孤立、解構，甚至讚美時，我們很可能會錯失整個意義。玻里尼西亞導航術的天才之處，不在於某個特定方面，而是在於整體，在這種方式下，所有的資訊都在尋路人的心中匯聚。」

——韋德．戴維斯（Wade Davis），《生命的尋路人》（*The Wayfinders*, 2009）

意識與海洋兩者都對我們有著根本的影響，一個是對於存在、能量與智慧方面，另一個是對於天氣、空氣和食物供應方面。然而，意識與海洋兩者依然充滿了神祕氣息。這是因為它們太無形、非物質、難以量化嗎？還是因為現今我們理解世界的方式與工具受限於「使者」的思維框架？這種情況一直是如此嗎？

數百年前，古代玻里尼西亞的導航者能在不依賴任何我們當前科技的情況下繪製整個太平洋的地圖。如今，即使我們有現代科技協助，人們也僅僅熟悉全球海洋的大約百分之五到二十的部分。

我們的大腦生來便與周遭世界深深連結。觀察生活時，採取保持距離、疏離抽象的方式，或是讓自己沉浸其中、由內而外感知，都會帶來不同的結果。二〇一一年，我在中國大連初次見到我的朋友，海洋探險家安立克·薩拉（Enric Sala）。他曾是位學者，但現在大部分的時間都待在水下，親自探索海洋世界。

安立克在西班牙的海邊長大，深受二十世紀海洋探險家、電影製作人兼環保主義者雅克－伊夫·庫斯托（Jacques-Yves Cousteau）的影響。在他的啟發下，安立克攻讀海洋生物學，並成為大學教授。然而，在學術象牙塔裡待了一段時間後，他卻覺得與自己熱愛的事物海洋漸行漸遠。正如他所說，當他看見自己正在為海洋的生命撰寫訃文時，他辭職了。他目睹海洋的健康狀態每況愈下，有時甚至瀕臨滅絕後，他感到迫切需要讓海洋生態系統恢復活力與蓬勃發展的能力。為此，他必須盡可能將自己沉浸在海洋裡，感受它的生命邏輯並幫助它恢復力量。今天，安立克帶領著「國家地理」的「原始海洋計畫」（Pristine Seas），該計畫至今已協助建立了二十六個地球上最大的海洋保護區，覆蓋面積超過六百五十萬平方公里。他在接受我的訪問時表示，這項工作幫助他「發展出對當前海洋問題及修復方法的直覺」。他的靈感不僅來自庫斯托，也來自古代玻里尼西亞的導航者。

我非常喜歡玻里尼西亞導航者的例子。這些人乘著小型獨木舟，在未知海域上穿越數百英里，不知道目的地在哪裡。他們擁有驚人的知識……他們熟知海浪、洋流、雲層、風向和星象。他們能夠讀懂海洋的狀態，甚至能透過雲層的反射來判斷遠方是否有島嶼。因此，他們擁有一種直覺，能判斷是否有陸地以及航向的所在。玻里尼西亞人世世代代以來，累積了龐大的知識，這已經成為他們集體潛意識的一部分。憑藉著這些知識，他們能在沒有現代技術或GPS的情況下，繪製出幾乎整個太平洋的地圖，那可是地球上最大的海洋區域。他們只有木枝製成的航海圖（stick charts）。他們之所以能成功辦到，完全是因為他們花費大量時間去親身體驗海洋。

——安立克·薩拉，引用自紀錄片《InnSæi：內在之海》

玻里尼西亞導航者的故事始於公元前十個世紀，早在哥倫布航行的五百年前，玻里尼西亞人僅用了八十個世代，就幾乎定居於太平洋的每個島嶼群，創造了一個涵蓋約兩千五百萬平方公里的統一文化圈。這些島嶼大多較小，當你在太平洋航行時，放眼望去僅有無垠的海洋和無盡的天空。

試想一下這些航程意味著什麼。水手們駕駛著小型的開放式獨木舟，所有製造船隻的工具都來自大自然，例如珊瑚、石頭和人骨等。「他們的帆是用露兜樹葉編織的，艙板以椰子纖維繩索縫合，裂縫則用麵包樹的樹汁和樹脂密封起來。」正如韋德·戴維斯在《生命的尋路人》一書中的描述。「他們暴露於大自然的各種天候中，白天要忍受烈日，夜晚還要抵禦寒風，飢渴成為常態。這些人穿越數千公里的海洋，發現了數百個新島嶼，有些如小型大陸般廣闊，有些則僅是直徑不到一公里，沒有任何地標高於一棵椰子樹的小環礁。」

韋德·戴維斯寫道，古代玻里尼西亞導航者能夠「從海洋中召喚出島嶼」，這得益於他們與海洋和自然世界的非凡連結。他們了解波浪的物理學和形上學，能夠識別出兩百到三百顆星星，而且了解星座在導航中的意義。

近幾年來，這些古老的知識正逐漸復興，這歸功於玻里尼西亞航海協會（Polynesian Voyaging Society）主席奈諾亞．湯普森（Nainoa Thompson）等若干人的倡導。這個協會的成員致力於培訓年輕一代，讓他們學習傳統的航海技術，重拾文化根源，繼承祖先的智慧。

當我在太平洋航行時遇到奈諾亞．湯普森的其中一名合作夥伴圖瓦．皮特曼（Tua Pittman）時，我詢問他有關這項工作的事，我們也談到了古今世界中的InnSæi。圖瓦以肯定的態度解釋道，我們可以選擇要關注什麼並將其「上傳」到我們的意識中。我們可以有意識地讓自己融入世界與大自然中，並根據這份體驗為InnSæi帶來的訊息作為導航，也可以讓自己成為外在導航力量的對象，例如行銷手段、社群媒體和人造資訊。一切端看我們如何選擇，圖瓦．皮特曼如此說道。

今天早晨你我醒來時，天上掛著的是古代玻里尼西亞導航者相同的一輪月亮與星星。若我們能利用所有的感官，從內在那片海洋去與它們相互連結，我們會生活在一個怎樣的世界呢？

這些尋路人必須處理源源不絕的資訊流、他們藉由觀察所得的直覺與洞見，以及周遭自然界持續變化的韻律與互動。他們有敏銳的覺察力，順應著自身的InnSæi和內在羅盤，才能成功徜徉於地球最大的海洋上。正如韋德·戴維斯在他的著作《生命的尋路人》裡生動的描述，他們的天才在於理解整體的全貌，並認識到萬事萬物如何交織成一個整體。韋德認為，這種聰明才智與人類將人類同胞送上月球所展現的才華不相上下。我們如何關注這個世界以及在其中如何找到正確的方向是非常要緊的事，這能讓世界在我們面前展開，定義我們在其中的位置，並塑造出我們影響它的方式。

啟動InnSæi的關鍵要素

* 海洋是意識的最古老象徵。我們越是深入其中，這兩者就越平靜。我們對海洋與意識的認識有限，這兩者都等待我們去探索。
* 靜心冥想與正念呼吸能幫助我們觸及InnSæi的深處，讓頭腦變得清晰。

* 與內在之海連結得越深，我們就越能夠與他人及周圍世界建立連結。
* 我們的溝通超越語言，是透過我們的存在來傳達的。
* 我們的心理過程只有極少數是有意識的——事實上只占了微不足道的部分。練習將你的注意力焦點四處移動，照亮周遭的世界。這樣做時，你是在啟動你的InnSæi。
* 注意並感知世界中有生命的部分。吸收它的美，感受它如何點亮你。
* 要像水一樣——活化你的內在之海，那麼外在事物將自行顯露予你。
* 如果內在之海受到束縛或變得僵化，它會停止流動。請保護它的流動性。「心流」是人類所能體驗到的最深層專注形式。練習全心投入一項有挑戰但可完成的任務；練習將自我意識和內在的批評者擱置一旁。心流狀態能讓我們更快樂、更具創造力和生產力。
* InnSæi幫助我們啟發彼此，看見事物的全貌並將其置於脈絡之中。
* 我們如何在這個世界獲得導航，找到正確方向，將決定我們在其中的位置，並界定我們的發現。

第4章

向內看：
自我覺察能幫助你
掌握InnSæi

要向內看並進入InnSæi，我們的注意力是不可或缺的，但注意力卻是一種極度稀缺的資源。部分原因是我們每一天的每分每秒所接收到的大量訊息中，我們只能有意識地覺察到極小的一部分，再者，外在的市場力量不斷在競爭，試圖最大化地攫取我們有限的注意力。處理這種情況是個不小的挑戰，尤其是因為大多數時候，我們甚至沒有覺察到這一過程的發生。

我們注意的方式，以及我們選擇去注意的事物，深刻影響著我們對世界的體驗、我們的行為，以及想像未來的能力。一九七八年的諾貝爾經濟學獎得主司馬賀（Herbert A. Simon，或稱赫伯特．A．西蒙）稱注意力為「人類思維的瓶頸」，並創造了「注意力經濟」（attention economy）一詞，指出注意力是一種有限的資源，是數兆美元的市場競相爭奪的東西。

你的頭腦空間是一個利潤豐厚的市場

我們最好先了解正在發生的事情，並自行做出決定，否則它〔新技術〕將為我們做出決定。

——尤瓦爾・哈拉瑞（Yuval Noah Harari），
《人類大命運》（*Homo Deus*, 2015）

注意力經濟的成長十分迅速，它依賴的是取得進入我們頭腦空間的管道。市場早已意識到我們沒有能力去注意所有湧入的訊息和娛樂內容，只能覺察到其中的極小部分。而訊息流在過去幾十年中加速增長。一九九三年，全球資訊網（WWW）或我們現今所知的網際網路才誕生，而今天（截至二〇二三年八月），全球已有約四十八點九億的人口在使用社群媒體，其中「臉書」（Facebook）的用戶超過三十億，比全球最多信徒的宗教基督教的人口還多。根據Statista（譯註：一個全球領先的線上統計資料庫，總部位於德國）提供的數據，目前有超過五十億的人在使用網際網路，占全球人口的百分之六十四以上。

我們透過線上的頻道與螢幕畫面買東西、賣東西、交流、做生意、與親友聯絡，我們也會利用它來打造人設，甚至塑造身分。我們在線上看到的娛樂內容、隨機的影片和畫面能夠教育我們、提振我們心情，但也可能產生相反的效果。而更常發生的是，我們不知不覺地花費大量時間在瀏覽畫面或影片，卻沒有留下任何實質性的影響。當社群媒體上的貼文好幾天都未獲得任何點讚或愛心時，我們甚至可能會再發布一次，只為了得到一些回應，彷彿在確認自己是否真的存在。許多人對自己在網路上的形象上癮了，而這正好完全符合那些爭奪我們注意力的企業的盈利策略。我們瀏覽得越多，他們的收入就越高，而內容本身是無關緊要的。在注意力經濟中，每一秒都至關重要。品牌能夠抓住顧客注意力的時間越長，他們的獲利數字就越好看。更多的注意力，代表更多的銷售量。

- 想一想每天早晨你會不假思索完成的兩件事。這些事情是你會自動化去做的，好比刷牙、穿襪子，上學或上班。
- 下次你醒來時，仔細注意你是如何完成這兩件事的。
- 注意你注意到什麼，將它記錄在日記裡。

某些技術背後的演算法甚至會針對我們的情緒進行精準投放，譬如恐懼和脆弱，到了在某種程度上影響民主選舉的程度，甚至引發破壞性行為及青少年的健康惡化問題，尤其是女性。美國一項涵蓋二〇〇一至二〇一八年的研究顯示，少女和年輕女性的心理健康狀況惡化與社群媒體的崛起呈現驚人的相關性，尤其是在二〇一二至二〇一三年之後。社群媒體崛起的同時，惡化表現在自殘、自殺、重度憂鬱發作及憂鬱症狀的增加。

很多時候，或許大多數的時候，我們根本沒有意識到社群媒體演算法是如何引導著我們，有時甚至將我們帶入有害思考的漩渦或導致兩極化。我們非但自己無法調節注意力，反而將注意力交給那些可以隨意操控它的人，讓他們來引導我們。我們變得更容易被說服，根據他人想要我們做的事來做決定，我們網頁越刷越凶，或東西越買越多。同時，我們也在用這些塑造我們生活觀點的東西，來餵養自己的心理過程。

支離破碎的注意力

世界看起來像是一堆碎片，很難理解它們之間的連貫性。

曾經幫助我們理解事物意義的能力已經遺失，
智慧被知識取代，而知識又被資訊和破碎的、片段的資料所取代。」

——伊恩．麥吉爾克里斯特在《InnSæi》紀錄片中的發言

難怪世界看起來如此破碎。許多研究和猜測探討了人類注意力隨著科技迅速進步和資訊超載而發生的變化和縮短程度。只有時間能告訴我們，長期下來，這對人類的大腦能力與智能究竟會產生多大影響，尤其是在我們具備心理適應能力，同時也發展出新的方法和工具（如人工智能）來幫助我們理解訊息的情況下。Wyzowl（譯註：英國內容創作公司）的分析師及作家亞當．海耶斯（Adam Hayes）提到的一項研究顯示，辦公室員工平均每兩分鐘就會檢查一次電子郵件信箱，每天查看手機兩百次以上。根據《富比士》（*Forbes*）的一篇文章，有些人每天暴露在多達四千到一萬個廣告中。根據「數位二〇二三：全球概覽報告」（Digital 2023: Global Overview Report），全球的人平均每天上網約六個半小時；而根據 Statista 的數據，二〇二二年全球平均每人每天花在社群媒體上的時間約為兩小時十五分鐘。

保持精力並提高專注力的簡單技巧

- 我們的專注力會因為干擾而下降，因此，可以設定每二十或三十分鐘響一次的鬧鐘，一次專心做一件事。這個時間可以長一點或短一點，重點是訓練自己一次只專注在一件事情上，訓練保持持續的專注力。這會讓你更投入並改善專注力不足的問題。
- 任務可以是任何事——清理家裡、照顧孩子、與朋友或家人互動、撰寫或回覆電子郵件、寫報告、搜尋網站內容、寫信給朋友、寫一本書或寫文章等等。無論是什麼，再次開始執行任務前，先休息五分鐘或更長時間，利用這段時間瀏覽手機、吃點東西或喝東西、打電話給朋友或做任何你覺得需要做的事。
- 決定每天最多花七分鐘在社群媒體上。

我們的大腦和感官確實難以處理所有這些過量的資訊。在「追逐意識」（Chasing Consciousness）網站上一個名為「注意力缺乏危機」（Attention Deficit Crisis）的播客節目中，主持人與來賓，也就是《誰偷走了你的專注力？》一書的作者約翰．海利，提出了一些重要的見解。約翰引用麻省理工學院（ＭＩＴ）神經科學家厄爾．米勒教授（Earl Miller）的研究，解釋說儘管美國的青少年普遍認為自己能同時處理六到七種媒體，但實際上我們一次只能有意識地思考一到兩件事。當我們同時處理多項任務時，效率會下降、錯誤增加，創造力也會減弱。

另一項研究發現，那些長期被電子郵件或電話干擾的人，其智力下降的幅度是吸毒後的兩倍。米勒教授告訴約翰，這導致我們置身「認知退化的完美風暴」中。

除了資訊超載、分心與各種要求會導致我們的專注力變得低落又零碎，研究還顯示，化學汙染也會導致各種神經發育障礙或智商下降。這也是為何鉛被禁止用於油漆和汽油的原因，而探討環境汙染如何影響我們身心健康的相關研究仍在持續發展。《失去理智》（*Losing Our Minds*, 2014）一書作者、研究化學汙染影響的專家芭芭拉．德梅內克斯教授（Barbara Demeneix）曾針對干擾注意力的關鍵因素做過研究，她直言不諱地告訴約翰：「我們今天不可能擁有一個正常的大腦。」

值得我們記住的是，針對我們的專注力和處理資訊的能力所做的研究，並非全是由致力於提升或保護人類智力的研究人員所進行。許多研究是由行銷專家做的，他們的興趣在於找出更多吸引我們注意力的方法，延長我們的上網時間，藉此提高他們自身的收益。

你能看見我嗎？你能看見自己嗎？

當我們與他人面對面相處時，彼此的處於當下與專注是我們能夠給予彼此的一份最寶貴禮物，這麼做能加強彼此之間的關係。相反地，科技往往將我們隔絕，讓我們孤獨地面對螢幕。這種現象的後果顯而易見，且已有越來越多的研究證實，孩子與父母之間若缺少眼神交流，會導致他們難以與他人建立關係。同理能力的下降也成為一大問題，二〇一八年的一項研究顯示，過去三十年來，美國兒童和青少年的注意力不足過動症逐漸增多。除非我們有意識地保護自己的注意力，否則很容易被充斥著假新聞、暴力、極端言論和不適年齡內容的資訊所淹沒。

當今世界充滿著我們無法全然理解的壓力。許多研究顯示，孤獨與孤立對我們的心理和身體健康都會造成損害。我們承受著來自外界和自身的壓力。根據世界衛生組織（WHO）的數據，憂鬱症已經成為全球殘疾和疾病的主要原因之一，全球有越來越多的人正在透支自己。許多地區、國家及工作場所的研究顯示，大多數人對當前的工作都經歷過過勞和壓力不斷升高的情況。有時候，年輕一代（十八至二十四歲）往往感受到最大的影響。

「過勞」（burnout）是一種情緒、身體和心理上筋疲力竭的狀態，因長時間壓力過大而引起。當你感到不堪負荷、疲憊不堪、缺乏認可，以及無法應付不斷出現的需求時，就會發生過勞現象。那是一個逐漸累積的過程，不會在一夜之間出現。你越是能關注自己的身體和心理狀態，就越能夠及時看見過勞的徵兆與症狀，進而積極地照顧好自己。了解自己並定期檢查自己內在的InnSæi與「身體電池量」，是了解如何對一己健康負起責任的關鍵要素。

在工作上感受到與自己的InnSæi與個人價值觀保持契合十分重要。最近一項針對

「有意識的辭職」的研究證實了這一點。這份針對美國和英國四千名員工所做的調查報告顯示，大多數人希望為能夠對世界產生積極影響的公司工作。此外，三分之一的受訪者因為公司價值觀與自身不符而選擇辭職。

長期壓力太大與焦慮會讓我們的大腦進入「戰鬥或逃跑」的模式，導致我們的心態會變得狹隘，形成「隧道視野」（管窺）。這不僅會抑制創造力，還會削弱我們的慈悲心，以及專心傾聽和一心專注的能力。

呼吸練習

- 當我們的大腦進入「戰或逃模式」時，我們會感到壓力很大、呼吸急促，還會出現「隧道視野」的症狀，失去對事物的整體觀，創造力下降（或全無），而且較缺乏慈悲心。
- 透過調節神經系統來呼吸，可以調整我們的「天線」，幫助大腦變得更加開放、包容、富有慈悲心與創造力。提醒自己從早到晚隨時進行幾次深呼吸，無論是在家、開會或在路途中都可以進行。

- 用鼻子吸氣，嘴巴吐氣。吸氣時從一數到三。
- 吐氣時間應該是吸氣的兩倍。可以縮小嘴巴吐氣的空隙來延長吐氣時間。
- 花點時間感受這種呼吸法如何讓你平靜下來。
- 當你覺得在某些情境下分了心或失控時，試著在心中對自己說：「嗨，（填入你的名字）☺」。這能提醒你，讓頭腦與身體保持聯繫，並在當下與你的靈魂保持連結。

以兩種不同方式關注世界

正如我們在第3章提到的，古代玻里尼西亞航海家透過融入海洋與自然環境，成功繪製出幾乎涵蓋整個太平洋的地圖，這個成就至今仍無法超越。關於如何在現代世界選擇一種尋找方向的方法，一直是個複雜的議題，但我們必須重新掌握自己的注意力與專注力。讓我們回想一下稍早之前提過的，兩種關注世界的基本方式。

要改變思維模式，由內而外看世界，我們必須讓InnSæi掌握主導權。我們知道整個身體就是智慧的來源，它透過細胞、感官和電磁場獲取資料，我們還知道大腦是處理、詮釋和指揮身體功能、運動、精神狀態和行為的中樞。

左右兩半部的大腦會執行類似的工作，而且若有需要，它們經常會取代另一半的功能，但是如同我們在伊恩．麥吉爾克里斯特的研究裡所探討的，有證據顯示，兩個半腦關注世界的方式是不同的。如我們之前看見的，這個差異不在於他們做了「**什麼**」，而是他們「**如何**」做的。爭論焦點在於，過度強調以左腦來看待世界的現象已席捲全球，也就是理性、分析、邏輯與抽象的視角，而這損害了我們啟動InnSæi及右腦完整潛能的能力。

右腦在許多方面是InnSæi的大本營，因為它將世界視為一個連貫、持續變化、富有生命力、流動且複雜的整體，其中萬物彼此相連，沒有任何事物是完全獨立的。這種「關注形式」在你和世界之間，以及世界裡的事物之間搭建起關係。因此你會看見一個持續變化中的連結網絡，伊恩如此解釋道。

右半腦能理解事物中未被言語表達的隱含意義，能讀懂言外之意並辨認出模式。「而左半腦則將注意力高度集中、狹隘地對準目標，也就是它想獲得的事物。對左半腦而言，存在的只有片段，事物的小小零碎碎片，這些都是孤立而各自為政的，沒有與任何其他事物相連結。因此，其中一個大腦半球負責看到整體的全貌，並讓我們的經驗保持連續性，而另一個大腦半球則從中選擇一個目標並全力追逐。如果你只用這種關注方式來看世界，你所見到的就只有目標、想要抓取和獲得的事物。」左半腦對世界的關注方式是抽象的、靜態的、無生命的，而且根據伊恩·麥吉爾克里斯特的說法，左半腦如此確信自己的價值，以至於它已開始掌控一切。右半腦將世界視為「某種充滿生命卻終究無法完全被了解的東西」，而左半腦卻認為自己無所不知——**因為它所知甚少**。

我們變得過度沉迷於左腦那狹隘、淺薄且抽象的思維過程，因而逐漸喪失能力去感受那整體性、無窮盡、真正奇妙、富有創造力且生氣勃勃的宇宙。我們甚至連感受深刻敬畏之情的能力，也在過去十年間顯著下降。這個主題我們會在下一章更深入探討。這種不平衡的現象導致我們將世界視為支離破碎的、各自孤立的片段，無法真正理解InnSæi的本質，更無法體現其邏輯。我們對信任和追隨InnSæi感到氣餒，因為認為它會誤導人，而且不科學。

總結來說，西方文化長期以來依賴有形的量化指標及劃分知識的能力，這使我們對世界的看法變得支離破碎。同時，那個生氣勃勃且相互連結的整體性世界其實就在我們眼前。我們可以看到這種觀點如何體現在傳統的醫療服務當中，這種醫療服務通常缺乏對身心連結的理解，將身體視為各個獨立器官和部位的集合，而非一個相互關聯的複雜整體。同樣地，我們的教育體系也將學習劃分為不同的學科，並透過符合分析、統計和理性的類似方法來衡量個人能力，卻非鼓勵擴散性思考、創造力、InnSæi及想像力。類似現象不勝枚舉。

下一章，我們將繼續探討兩種關注世界的迥異世界觀，但現在，讓我們繼續探討注意力這個主題。我們的目的是向內看，以見證並駕馭我們內在那片壯麗的海洋。

抵達我們存在本質的核心

要聆聽內心的聲音並向內看，需要的是自律與有意識的意圖。哲學家馬修・柯勞佛（Matthew Crawford）在《超越頭腦的世界》（*The World Beyond Your Head*, 2015）一書中談到了靜默的重要性，強調它能幫助我們控制並掌握自己的注意力。如同清新的空氣讓我們能夠呼吸，靜默讓我們能夠與內在連結，更容易進入感官世界。這裡的靜默不僅是指排除環境中的噪音與干擾，還包括有能力讓內心的喋喋不休安靜下來、修正錯誤的偏見與信念，並剝去頭腦裡的各種過濾機制，直到觸及我們一己存在的核心並駕馭內在的羅盤。唯有達到一己存在的核心，我們才能真實無誤地表達自己。

我們將探討五種有助於向內看的方法，或是稱之為儀式：

1. 每天寫日記

2. 留意輸入，以改善輸出

3. 練習寫關注日記

4. **留些時間給自己**
5. **透過「扎根」來擴展視野**

1. 每天寫日記

寫日記是一種很有力的方式，能清理頭腦空間，見證自我展現。寫日記就是簡單地將自己的想法、感受和點子記下來，讓自己更清楚地認識和理解**它們**。據說，用手書寫，會讓我們更容易記住和意識到這些內容。書寫是支持心靈流動、激發創造力的一種絕佳方式。世上沒有任何事情是板上釘釘，或永遠停滯不變的，即使參加會議也是一種創造性活動，因為沒有固定的劇本。一切事物都可能改變，我們一生中，每天都一直在共同創造一切事物，從對話到行動都是如此。無論你是學生、藝術家、律師、教師還是企業家，寫日記都能提升你的敏銳度與表達能力。如果你感到焦慮不已、壓力重重或不堪負荷時，寫日記正是一種釋放難過情緒的好方法。寫日記是一種捕捉創意、解決方案或突然想起的事的好辦法，無論白天或夜晚都很管用。因此我強烈建議你，隨身攜帶一本日記本，也在床頭放一本，若半夜臨時醒來想記下夢境或一些想法時使用。夢境能傳達出關於我們內在狀態的重要訊息、對一些事物的情感，甚或提供我們靈感或有趣的故事。你也可以使用手機來記錄或儲存語音信息，但我不建議在睡前或夜間使用電子設備。

任何時間都是寫日記的好時間，幾分鐘或是更長時間，早上、中午或晚上，都無所謂。然而，和每件事相同的是，練習得越多，寫日記的效果就會越顯著。我們早晨大腦剛從θ波狀態醒來時，大腦會處於高度開放且有利於訓練的狀態，因此晨間書寫日記是一種效果極佳的習慣。不過晚上書寫也同樣有效果，能幫助我們清理頭腦，將思緒化為紙上的文字，讓夜晚更安寧。你會在本書的最後一章讀到，夜間書寫日記或是在每天結束時書寫也是一個很棒的習慣，能讓你總結一天的學習與經歷，將你覺得感謝，或啟發你的事情記錄下來。如果你想更深入探索如何利用寫日記來提升創造力，我大力推薦茱莉亞・卡麥隆（Julia Cameron）的暢銷經典著作《創作，是心靈療癒的旅程》（*The Artist's Way*, 2002）。

我們開始寫日記後，常會更加意識到頭腦裡的聲音。在寫作世界中，我們常會提到對我們的書寫或思維不滿的「編輯」、「審查者」、完美主義者或分析過度、太過邏輯化的聲音。寫日記時，很重要的是要有意識地讓這些聲音離開我們的頭腦。有時，可以抱持輕鬆調皮一點的態度，禮貌地請它退出，因為此時此刻我們不需要它。其他聲音也會冒出來，因此認出它們，藉此找到自己的聲音，這點非常重要。我們的腦袋裡都有屬於自己的故事，而且根據的都是舊有的信念與假設，其中有些可能是來自情人，甚或是我們以為親人會說的話，但其實我們並不確定。當大腦根據舊的心理模型預測結果，它便強化了該循環，而我們的任務就是打破這種循環，走出慣性的思考與行為，為新的視野與想法創造空間。寫日記可以是重要的一步，幫助我們開發伊恩所說的右腦，以及茱莉亞·卡麥隆所謂的藝術家頭腦。

可以的話，每天堅持寫日記至少兩週，目標是十二週。容許思緒與文字自然流瀉而出，不做任何評判或編輯。每一分鐘都很重要，只管開始吧。如果漏寫了一天，第二天再繼續就好。將所有的想法釋放出來，沒有人會看你的日記，它只屬於你。

注意你的恐懼、你核心的負面信念，以及腦袋裡的聲音，譬如：「我會讓父母或伴侶失望」、「我不擅長這個」、「別人可能早就做過了」、「我永遠不會有足夠的錢」、「我沒有受過相關教育」等等的念頭。

練習抱持開放的心態。不要對縈繞在腦海中的想法做出評斷——無論它是負面的、破壞性的，還是宏大的、大膽的。如果你無法對自己坦誠，又能對誰坦誠呢？

擁抱你內心的嫉妒聲音。嫉妒其實是一個很好的指標，讓你知道自己能做什麼，以及想要做什麼。當你聽見別人完成某件事時，你可能會想：「我也可以做到……」然後你的胃部可能會糾結在一起，或覺得很煩躁。當你開始做更多那些你真正想做、但一直猶豫或害怕嘗試的事情時，嫉妒心就會逐漸減少。你會從略帶苦澀的「我也能做到……」轉變為溫暖、慷慨的「幹得好！我非常清楚，要辦到那樣的事需要付出多少努力和勇氣」。

唯有與自己相處時感到安全，我們才能允許自己脆弱，並表達創造性的聲音。而唯有完全接納真實的自己，包括所有的缺點，我們才能感到安全。如果有朋友、伴侶、親戚或同事在看見你進步的跡象後做出負面評語（例如「這不像你」或「你憑什麼覺得自己辦得到？」）務必記住，這些評論與你一點關係都沒有，它們只是反映出評論者自己罷了。你的勇氣、行動或觀點，可能會挑戰他們對自身定位的認知以及他們為自己設下的界限，亦即哪些事是他們允許或不允許自己去做的。另外也要記住，你的親朋好友也很可能會慶祝你的改變，並對他們所看見的進步給予正面評價。當他們這麼做時，別忘了說「謝謝」並認可自己的進步。

隨著你繼續寫日記，你會見證自己逐漸開展。這會幫助你決定哪些事值得堅持、哪些需要放下，哪些想法對你有益、哪些無益。如果在你親近的家人、同事或朋友圈裡有讓你生起負能量的人，或許需要暫時與他們保持距離，並以善意的方式來做。雖然這可能很難，但你必須對自己的能量、界限和時間負起責任，這需要不斷的練習。

將你的想法如流水般自然傾注於紙上，能幫助你更了解自己，並了解情緒如何對你的生活態度產生正面或負面的影響，哪些人給予你支持或靈感，哪些則沒有。寫日記能幫助你揭露出反覆出現的恐懼、夢想和想法，讓你注意到它們，進而決定要拋棄或保留。越是深入認識自己，就越能與內在的真實聲音契合；而越是能與它契合，你就越能信任自己的經驗，越能處於當下。當你變得更處於當下，就會更有意識地對自己的心態、行動和反應負起責任。

記得善待自己，因為在我們的靈魂和最真實的自我之中，同時存在著最大的力量與脆弱。這看似對立的兩個極端事實上是相輔相成的。有人曾對我說，在我們最深層的情感中，我們總是像孩子一樣脆弱，因此，身為成年人，我們需要去保護、愛護並尊重內心的那個孩子。這句話出現在我習慣性地自我破壞，並以強硬姿態來面對脆弱的時期。採取這種方法後，我轉變了。做自己需要勇氣，所以要確保你給予自己的愛與支持就如同自己是個孩子般。越是能學會去尊重並愛自己，別人對你立足基礎的破壞力就會越小，你也會感到更加安全與踏實。

2. 留意輸入，以改善輸出

這個儀式能幫助我們有意識地更新頭腦與心靈的儲藏庫，過濾進入的資訊，例如新聞媒體、社群媒體與有害的交流。

有些人認為錯過一天的新聞就好像犯下七宗罪的其中一種似的，或起碼會讓自己在與人對話時感到尷尬，因為我們沒有掌握時事。這點我有親身的體會，我曾經當過記者，負責撰寫關於全球發展與政治的報導。對時事資訊的掌握是我身分認同的一部分。因此，我一開始會抗拒完全斷除新聞報導的想法，但是在我嘗試這麼做之後，反而收穫了一些好處，因此也推薦你這麼做。我為頭腦和身體都創造更多空間，感到更加平靜，我發現自己的眼界也擴展了，開始注意到以前未曾注意過的事物。這也適用於社群媒體的瀏覽——暫停一下吧，感受它帶給你的影響。

二〇〇八年的金融危機後，我創辦並指導了一個名為Prisma（英文是Prism，「稜鏡」之意）的大學文憑課程。這是一個為期兩個月的跨學科課程，旨在訓練學生在不確定時期發揮創意思維與批判性思維，並提升他們的InnSæi。學生年齡從十九到六十七歲不等，有的剛通過大學入學考試，有的擁有博士學位，各式各樣的職業背景都有。多數人都因為冰島所謂的「銀行倒閉潮」而失業，對自己的社會地位、是否付得起帳單以及未來的前途感到深深的不安。我們為學生安排了一系列啟發人心的講座和課程，主講者包括冰島頂尖的企業家、藝術家、學者與商業領袖，課程十分緊湊。我們甚至邀請了冰島前總統與我們分享她對「世界公民」有何意義的見解。

課程期間，我們讓學生的新聞攝取減少到最低，因為新聞媒體往往帶來負面能量，充滿政治化甚至敵意的敘事，且訊息單一，限縮了思維的格局，無法激發對未來多種可能性的視野與探索。在Prisma的案例中，我們協助學生用新的概念和新鮮的感官資料來充實心靈，同時確保他們不斷透過一些練習和方法進行自我檢視，其中一些方法將在本章中介紹。

有意識地過濾並選擇刺激與資訊的輸入，能讓我們與InnSæi保持契合，釋放阻礙、更新能量。我們會變得對事物更感興趣，反過來，對他人來說也會變得更有趣。

3. 練習寫關注日記

伊恩．麥吉爾克里斯特認為，**我們如何關注世界是一種道德行為**。這是因為我們關注的方式會改變我們所體驗的世界，我們唯一所知的世界，同時也會改變我們自己。這不是一種被動行為，而是一種關係上的相遇。他建議我們做一些練習，培養對世界抱持積極、開放的接納態度。當我們練習寫關注日記時，可以讓世界在我們面前誕生、開展，而不是「用偏見、自以為是的憤怒或立即的評斷將它拒之門外。」如伊恩在我們討論本書的對話中所說的，我同意他的看法。藉由我們的關注，我們開啟了一個世界，這個世界可以是充滿生命力的，也可以是死氣沉沉的；世界裡的萬物可以是相互連結、活活潑潑的，也可以是毫無生氣、孤立無援的。我們如何關注世界，能改變我們以及我們內在散發出的能量。

我所知的一種力量最強大的創造力工具，就是「注意你在注意什麼，並將它記錄下來。」這是我的一位朋友，已故藝術家與作家索瓦爾杜．索斯坦松（Thorvaldur

Thorsteinsson）在本世紀初送給我的一個建議。對每一個實踐它的人來說，這份禮物彷彿已一再地贈與，並不斷從內在創造出漣漪效應。注意我們在注意什麼是一種效果強大的方式，能讓我們觀照自己，向內看。就像寫日記一樣，記錄我們的關注方式是件具有轉化效果的事。它讓世界走向我們，並使我們能夠見證它在我們內在的呈現。

書寫關注日記的重點是捕捉那些我們多數時間未曾注意到，卻能藉由注意力帶給我們的事物。我們容許世界來到我們面前，並從一定的距離外觀察自己。我們會變得更開放地接受意料之外的事，也就是那些處於我們專注意念的邊緣、難以用言語文字表達的東西。

開始寫「關注日記」

- 隨身攜帶一本筆記本，持續三週。隨時記錄你所注意到的事物。可以用你日常使用的同一本筆記本。

- 不要過度思考。只需記錄你在白天或夜裡的夢境中注意到的事物。
- 不要評斷你注意到的內容。這不是讓你來評斷的，只需觀照它即可。
- 關注日記不是普通的日記，只是記錄每天早餐吃什麼或天氣如何。在此你只要記錄引起你注意的事物，可能是一些單字或短語，例如：「難聞的氣味」、「她穿褲子來掩蓋自己的身體」、「我因美麗而屏住呼吸」、「商店外的旗幟像蠟筆的顏色」、「收銀台兩人之間的緊張氣氛」、「溫暖的微笑和他的反應」、「她的能量（填寫內容）」。注意你如何注意人們的存在、聲音、能量或肢體表現，將這些視為你自身的反映，而非他們。
- InnSai是具體化的。留意你如何用整個身體和所有的感官去注意，記下你注意到的事物。

創造力因進入未知而旺盛、成長。如果我們完全知道自己將前往何處或如何抵達，這趟旅程就稱不上是創造性的。創造力在許多方面就是用新鮮的眼光看世界，打開我們的InnSæi，讓熟悉的事物變得陌生，讓陌生的事物變得熟悉。我們喚醒沉睡的系統，讓平凡變得有趣，甚至神奇，並且讓我們開始更珍惜它們。

選擇十個詞彙或短語

- 在書寫關注日記期間，每週結束時翻閱筆記本，隨機挑選十個詞彙或短語，將它們劃線或標記。
- 將這些文字寫出來，由上到下條列在一張新的紙張上。
- 給自己一點時間閱讀這份清單，不要評判。請思考：這些字句在告訴我什麼？它們背後有什麼含義？
- 每個詞語和感受之所以出現，是因為你注意到了它們。讓任何模式、形狀、故事或感受自然浮現。信任這個過程，放下控制，讓脈絡自然出現。
- 這些詞語都可以成為意義建構、藝術寫作或靈感的原始素材。

更了解自己

為了自我調節並更深入認識自己，可以瀏覽你的「關注日記」，並用不同顏色標記出以下內容。這讓你能夠在一到三週，或是你希望更長的一段時間裡，探索並描繪出你內在的風景。

找出以下內容：

- 有害的關係
- 慷慨的關係
- 反覆出現的念頭或想法
- 你自己的偏見
- 你的恐懼與限制

- 在你所關注的他人身上，你注意到什麼？
- 你覺得嫉妒的時刻
- 有任何模式浮現嗎？或是有一再出現的主題？

反覆出現的想法、聲音或模式，都可能會成為新點子、心態轉變或決定的來源。

4. 留些時間給自己

雖然你的同事也會鼓勵你休假，你的至親好友也很愛你，但他們仍可能在某個時間點問你是否能利用這段時間為公司做些事，或處理家務，或是協助家人，甚至開始拿他們自己如何利用時間來和你比較。請記住，人們通常是透過自己的視角來看待你的。所以當你要留些時間給自己時，可以簡單地說自己正在參加會議、拜訪朋友或在工作。

我們經常每天行程滿滿，因此需要紀律來為向內看創造空間。在這些日子，務必要做一些能滋養你身心靈的事。做一些能讓你腦袋休息或感到寧靜的事，亦即讓自己不需應付事情的狀態。在你需要靈感時，去做那些激發你靈感的事；在你神經緊繃時，去做那些能舒緩神經系統的事。做一些不預先安排的開放式活動，譬如在森林或公園裡散步，因為樹木和綠色能舒緩我們的神經。感受你周圍的各種元素，聞聞松樹的香氣，感受微風吹拂你的肌膚、身體和頭髮。聆聽鳥兒唱歌。如果你臨近海邊，可以聆聽陣陣海浪聲帶來的舒緩效果，或者將腳趾埋入沙灘、泥土裡，或任何你腳下的土地中。

相對開闊的地平線和景色能讓我們敞開心胸，氧氣能讓我們感到平靜，清新的微風能喚醒我們的靈魂，激發能量。外出拍攝你所看到的風景，或許你會對自己捕捉到的畫面感到驚訝。去咖啡館坐一坐，為觀察到的陌生人編一些有趣的故事。或者待在家裡，好好休息，泡個澡或者玩拼圖。

如果你想外出但又無法外出，可以試試閉上眼睛，想像自己置身於大自然中。你也可以試試本書介紹的一些實用練習。注意留些時間給自己，幫助你與自己連結。

5. 透過「扎根」來擴展視野

「扎根」是一種強大的方式，能幫助我們順應InnSæi，鎮定身體各個系統並拓展視野。暫且想像我們是一棵棵獨立的樹木，同時也是一個複雜互聯網絡的一部分。

樹木是一種奇妙的生命體，從地面上獨自向上生長，但是在地面下，它們是一個複雜根系網絡的一部分。樹木透過根系進行交流、交叉授粉和組織，這些活動通常隱藏在地表之下，因此不為人所知。某種程度上，它們類似於我們的潛意識以及生活中那些看不見的事物，例如我們的腦波和能量場，這些都會交互滋養彼此，並對他人產生無形的漣漪效應。

熱帶雨林裡的樹木在穩定地球氣候系統方面扮演著重要的角色，它們能促成降雨，並將二氧化碳轉化為氧氣。樹木將光合作用產生的大約百分之七十的碳儲存在地表下，它們的根會將它儲存起來，然後用碳去交換養分。

真菌在穩定土壤的碳含量方面，也扮演非常重要的角色。地球上的生命大多是由與天上星星相同的元素組成的，這包括「菌絲體」（mycelium），它們是所有生命的母親，大約在四十五億年前從海洋上岸，創造了肥沃的土壤，為地球上的所有生命奠定基礎。正如紀錄片《神奇真菌》（*Fantastic Fungi*, 2019）所解釋的那樣，菌絲體（或菌絲）是像根系一樣交織的真菌網絡，約在六點五億年前分化成真菌和動物。

菌絲體可以擁有數以兆計的末端分支，其網絡設計與網際網路非常相似。菌絲體的網絡數量甚至超過我們大腦裡的神經通道，而且其運作方式也非常類似，依靠電解質和電脈衝進行傳輸。

它們是地球上最常見的物種，幾乎無處不在。樹木會利用菌絲體當作通道來交流、連結並互相提供養分。菌絲體讓樹木能夠吸收和交換養分；當一棵樹顯示出虛弱的跡象時，「母樹」會利用其菌絲體輸送額外的養分與支持給它，就像人類在世界各地互相給予的愛與支持一樣。像真菌和菌絲體這樣的生物是有智慧的。它們會對環境做出反應，解決問題，尋找食物並保護自己。

人類的家譜樹同樣會形成一個驚人的生命網，將我們彼此連結得比我們先前想像的更加緊密。正如韋德・戴維斯在其著作《生命的尋路人》中所說的：「我們每個人都是人類有史以來最偉大故事裡的一章，一段探索與發現的敘事，不僅被神話所記載，也刻印在我們的血液裡。」雖然我們可以繪製家譜，追溯人類在幾個世紀來如何散布至世界各地，但我們同時也被一張看不見的連結之網所聯繫著。這些連結不僅存在於我們彼此相處當下的身體交流中，也跨越了世代，儲存在那些感受深刻的記憶、失而復得的希望，以及其他幫助我們這一物種生存的生命體驗中。

我們對社會刺激的反應可以引發數百個，甚至數千個基因的變化，並在我們的大腦和身體的內部及外部都產生漣漪效應，正如湯瑪士．R．維尼在《具象之心》一書中所闡述的。維尼指出，甚至直到二十年前，大多數的遺傳學家和神經科學家都仍無法相信這些發現。這顯示我們的知識變化與擴展速度有多迅速。

無論我們看似相隔多遠，我們在地球上的根源都可以追溯到同一組個體；而現在與我們共同存在的所有人，都帶有我們共同祖先的基因，西班牙國家生物科技中心（Spanish National Center for Biotechnology）的理論進化生物學家蘇珊娜．曼魯比亞（Susanna Manrubia）指出了這一點。

在最近一次參觀德國的尼安德塔人博物館（Neanderthal Museum）時，我發現這是歷史上首次，我們智人（Homo sapiens）發現自己是地球上唯一的人類物種，這是一個進化上的特例。今天我們的進化不再被視為一棵「家族樹」，而是被視為更像一條寬廣的河流，這條河流可以分支，形成新的溪流，並在日後再次匯聚在一起。人類的進化是一個創造性過程，是適應與偶然的結晶。我們共同的歷史已經被寫在我們的骨骼裡，正如人類學家戴維斯在《生命的尋路人》書中的優美描述：

我們每個人都是名副其實的兄弟姐妹。人類最偉大的遺產，即包圍地球的生命智識與精神之網，是人類自意識誕生以來，透過想像力創造出的所有夢想、思想與直覺、神話與信仰、理念與靈感的總和。

如果我們都能像千百年來的菌絲體網絡一樣，有意識地深深與InnSæi建立聯繫並透過它彼此相連，人類遺產和世界會變成什麼樣子呢？我們又會用什麼不同的方式為自己增光，或與其他生命體和地球互動呢？

扎根練習

- 雙腳站穩於地面上，雙手合十於胸前，閉上眼睛，向自己與腳下的大地致敬。
- 雙手往上舉起，向天空伸展。想像自己是一棵樹，擁有枝幹、葉子和樹冠，優雅地從地球生長而出。
- 感受腳底有何感覺，想像它們生出了根，深深扎入大地母親的中心。想像你的根系在地表下，與其他所有生命的根系交織在一起，成為一個相互連結、有智慧且彼此支持的人類根系系統。
- 將地球的中心想像成一個充滿能量、放出火焰與光芒的強大能量球。想像你的根系連接到這個中心，並感受它們充分利用它，讓自己吸取滿滿的能量與養分。
- 觀察你的根系如何將這些能量與養分一路往上輸送回來，從地心通過腳底，再進入你的整個身體。你站得穩穩的，可以承受人生的風暴，因為大地在支撐著你。

總結來說，InnSæi會在一個依賴著合作、靈活性與相互支持的群體裡釋放善的力量，就像植物的世界，尤其是根系、樹木、菌絲體和真菌的世界。進化有一部分必須依賴互惠與慷慨寬宏。在生態系統中，不同的植物、昆蟲和生物都以各自的方式支持著彼此，它們在這過程中付出，也接受。例如，真菌會幫助枯死的樹木再次轉化為土壤，雨林中的樹木會讓位給更高的樹木，以便接觸陽光。當我們看向自己的內在，並從骨子裡感受到這份連結時，我們就會開始理解它、體現它並關心它。我們的內在重心因此發生轉移，並讓內在世界與周遭的世界達到平衡。這讓我們能夠順應生命的相互連結性。我們是同一個生態系統的一部分，而我們彼此之間的界限並不明確，無法劃分出你結束的地方和我開始的地方。當我們體驗的世界是片段的、破碎的，那是因為我們失去了與生俱來的相互連結感。我們不再覺得自己是這個世界不可分割的一部分，而只是碎片堆中的一個碎片；我們失去了歸屬感，失去意義，以及與其他生命之間的親密感。

啟動InnSæi的關鍵要素

* 你的注意力是一種稀缺的資源，在現今的經濟體系中備受追捧。
* 注意力是向內看與順應InnSæi的關鍵。
* 我們如何注意決定了我們如何行動、如何想像各種可能性。
* 向內看需要紀律與意圖。
* 持續的注意力能加深InnSæi，短暫的注意力則會減損人類的智力。
* 基於進化的理由，我們往往會以兩種不同的方式關注這個世界。我們可以用宏觀的角度看待世界與事物的脈絡，以及它們如何相互連結；同時我們也可以為了生存和做計畫，將資訊分門別類並加以操弄。
* 讓「五個向內看的儀式」成為你日常生活的一部分，它們是：
  1. 定期寫日記，以意識流的方式書寫，不帶評判，這能幫助你清理通往InnSæi的道路。
  2. 暫時遠離新聞媒體、有害的關係、社交資訊，以及令人分心的資訊。你需要將自己內在的井水清空，才能重新注滿它。這能幫助你釋放阻礙、更新能量。篩選你輸入的資訊，以改善輸出的品質。

3. 注意你在注意什麼，然後記錄在你的日記上。這會喚醒你的感官，讓你順應 InnSæi，增進你的創造力與自我認識。
4. 每週至少一次，留一些時間給自己。
5. 透過扎根的練習來擴展視野：見證自我從內在開展，感受生命的相互連結。

第5章

由內向外看：運用InnSæi來導航

導航者必須處理源源不絕的資訊流、直覺以及觀察所得的洞見，還需應付風、浪、雲、星星、太陽、月亮、鳥群的飛行、海藻床、淺礁上發出的磷光等彼此間多變的節奏與互動——簡而言之，即天氣與海洋那個瞬息萬變的世界。

——摘自韋德·戴維斯的《生命的尋路人》

兩種節奏與強大的內在羅盤

人類的精神擁有自己的循環系統，以利更新、再造與進化。我們知道，InnSai是具體體現的，也有其自身的節奏起伏；越能熟練地掌握這些節奏，我們就會變得越有創造力、越聰明，而且越踏實。試想我們在兩種不同節奏的交互作用中運作，並努力尋求平衡：其中一個是要深呼吸、接受並反思的節奏。它能讓我們去感受當下，去注意我們所注意的事物；它知道何時該放下控制，信任過程。它是主觀的、所經驗的、所感知的，它為我們打開與生命世界聯繫的門，並讓我們從中獲得啟發。在這種節奏中，我們的內心其實是藝術家與探索者。

另一種節奏是理性、審慎考慮、無生命且分析式思考的。我們依賴這種節奏來計算、建造房屋、組織規劃、製造工具，以及為風暴做準備。它讓我們得以量化、測量，但是它本身並無新意，根據的只是我們既有的知識與能夠測量的東西。它很容易變得機械化、片段的，甚至與世界的其他部分脫節。這種節奏是一種達到目的的手段，並非目的本身。

對許多人而言，要學會放下控制、有意識地處於當下需要高度的自律，但是對有些人來說則恰恰相反，要堅持執行一個想法與決定，計畫並做出決策，反而需要高度的自律。每個人都可能依循著一種混合的節奏。這兩種節奏與強大的內在羅盤，是我們在內在與外在之複雜宇宙中的一種象徵性導航工具。若我們能更深入這兩種節奏並取得平衡，我們的InnSæi和羅盤也會變得更強大。

我們頭腦思維的固有設定是更傾向於相信理性、可量化、孤立分離的與分析性的節奏，而犧牲了創造性、有生命的、相互連結與直覺的節奏。我們經常被灌輸而相信的概念是，具體的經驗與有意識的感知不如數學或科學的量化領域那麼可靠或重要。正如我女兒蘭恩十五歲時曾指出的：「如果你不擅長數學或物理，就會被認為很笨；但是如果你不擅長藝術，卻沒那麼重要，大家只會說這不是你擅長的領域。」

這一點很重要，因為我們所提出的問題、選擇傾聽的答案，以及運用結果的方式，都取決於我們潛在的信念與假設。這在我們強調孤立而各自為政的結構中十分顯而易見，從學校、傳統醫療體系到經濟模型皆是如此。

回顧喬治・蘭德博士與貝絲・賈曼博士為美國太空總署進行的創造力研究，研究結果顯示，隨著年齡增長，創造力會顯著下降。蘭德博士表示：「各位，如果我們想要懷抱希望邁向未來，這樣的情況是行不通的，我們必須採取行動。」我完全同意蘭德博士的觀點，並且想補充的是，創造力並非僅是關於如何創新，以及如何重新思考商業模式、科技和系統的能力。創造力也能讓我們的內在連結起來，讓我們的靈魂再生並獲得啟發。它依賴於InnSæi，其本身便擁有療癒的力量。

我當時決定辭去聯合國的永久職位，那個曾是我夢寐以求的工作，因為我覺得自己被困在一種節奏中，犧牲了另一種節奏。困擾我的並不是工作的使命，而是工作的結構使我的光芒變得黯淡，限制我的主動性，還耗損了我的能量。我目睹自己的脫節感反映在我服務的體系中，一個似乎與它本應服務的人類和地球脫節的體系。聯合國那種高度官僚和階級分明的文化讓我領悟到，我們圍繞著體系又構建了更多體系，結果卻忽略真正重要的事，也就是真實連結的脈動與溫度、腳底下的土地，以及萬物彼此相連的方式。

辭職一年半之後，我在冰島北部的一座小島上度過了一部分的夏天，並開始將我對理想教育方法的思考記錄下來，這些思考是基於我到目前為止分享的經歷。教育——我們為孩子人生所做的準備，以及我們作為成年人終生的持續學習，是我們選擇什麼道路和提出什麼問題的基石。我的想法逐漸發展成一個大學文憑課程，當時正值二〇〇八年十月的冰島銀行倒閉潮期間。在那個時間點，有大量的人口失去工作、積蓄和家園，各大學的校長和勞工局同時呼籲尋求全新的解決方案來創造就業機會並重建經濟。

我決定推介一個基於這兩種節奏和跨學科的教育模組課程構想，而這很快演變成了Prisma（取prism，「稜鏡」之意），這是一個由冰島藝術學院（Arts Academy of Iceland）、畢夫柔斯特大學（Bifröst University）和雷克雅維克學院（Reykjavíkur Akademían）聯合提供的文憑課程。在每個為期六到八週的模組課程中，有大約四十位專家、教授與文化領袖與學生分享來自數十門學科和實踐領域的洞見。他們所提供的案例研究展示了創新與創業能力，講課內容涵蓋國際關係、商業、歷史、人類學、文化研究、哲學、設計與藝術等主題。除了這種密集又多樣的知識輸入，以及詮釋世界的新方式，學生還接受了磨練InnSæi和內在羅盤的訓練與練習，我已在本書分享了其中一部分。

這些學生的年齡從十九歲到六十七歲不等，工作經驗、教育程度和背景各異，極為多樣。Prisma幫助他們開拓視野，迎接新的可能性，並拓展技能包，更明確地塑造人生方向。有些學生提到，Prisma對他們發揮了療癒效果。我記得第一個課程模組進行到第三週時，一位和我很親近的同事，也是四名引導學生進行Prisma方法與任務的助教之一，來與我分享他在這種工作環境中的個人體驗。他說，他感到壓力減輕了，變得更有愛心、更有創造力，甚至能感受到他與妻子之間的關係發生了變化。他的這番話與第1章提到的法國馬術訓練師法蘭克・穆里耶所描述的經歷相呼應。穆里耶曾對伊恩・麥吉爾克里斯特分享說，當他越尊重並運用直覺時，他在精神上就會變得越開放、越慷慨。

Prisma的核心在於創造一個催化可能性、人才薈萃的環境，一個能深化並強化這雙重節奏並增強內在羅盤的環境。它的基本信念是，如果我們關注並培養人們心中的沃土，並訓練他們以批判且有意識的方式活化自己的InnSæi，有意義且真摯的想法和方向將會從內心湧現。他們的內在羅盤也會變得足夠強大，能讓他們在動盪不安的世界中有意識地開闢出自己的道路。

對我而言，這一切的重點在於我們為學生設計的氛圍、教育環境與實體空間的組合。如果我們能把將些元素安排妥當，其他一切自然能水到渠成。我那支才華洋溢且多元化的團隊會與我一起確保課程設計和討論、探索的引導能在一個安全的環境中進行，避開門外那些充滿政治色彩的氛圍。在室內，我們強調保持空間的美感，裝潢上採用色彩繽紛的布料與家具，還有書籍與音樂。我們帶著好奇而批判的心態深入探討各種主題，訓練自己以驚奇和新鮮的眼光來看待熟悉的事物。Prisma的顛覆與非常規的特性夠強，無論人們過往在生活或工作上處於什麼位置，都能感覺大家都在同一艘船上。在這個情況下，冰島的經濟危機反而成了「發明之母」，一個新理念的催化劑，它促成了Prisma的誕生。

Prisma的四個步驟

我們將這四個步驟應用於所有Prisma的任務與小組討論：

1. 多看、多感受、多聽。
2. 顛覆——讓陌生的變得熟悉，讓熟悉的變得陌生。
3. 梳理事情的來龍去脈——從混亂中創造出秩序，並在看似不相關的部分間找到意料之外的連結。
4. 以自己的方式創造。

直覺的價值

丹尼爾・L・夏畢洛（Daniel L. Shapiro）是哈佛國際談判計畫（Harvard International Negotiation Program）的創辦人及主持人，也是國際知名的衝突解決心理學專家。他在著作《不妥協的談判》（*Negotiating the Nonnegotiable*, 2016）一書中，帶領讀者進入衝突的核心，包括陷入危機的家庭、交戰的政治團體，以及爭執中的商人等。我有幸在他撰寫這本書的時候認識他，從那時起，我們便在各種情境下討論直覺。越來越多人認知到直覺在我們星球的未來、持久的合作關係與良好決策中能扮演關鍵角色，丹尼爾也讚揚這一點，但是他依然認為：「我們在充分認識直覺的力量這方面，還有很長的路要走。」

真誠的領導者、有遠見的人、藝術家和變革者都依賴強大的內在羅盤來導航，透過他們獨一無二的聲音和對世界的影響力來表達自己。他們明白順應InnSæi與平衡兩種節奏的意義，並尊重這種平衡，將其視為力量、韌性與方向感的泉源。他們意識到透過InnSæi保持節奏平衡的重要性，無論是在推動團隊突破自我設限、促成合作以期在有生之年找到治療癱瘓的方法、恢復海洋生態系統，或是幫助人們扎根於自己的身體方面，都是如此。

對阿爾弗雷・吉斯拉森而言，教練的藝術在於幫助專業運動員實現其最大的潛能，包括作為個體與團隊，超越他們自己所能想像的極限。因此，InnSæi之所以重要，是基於數個理由。二〇二二年我採訪他時，他說：「對我來說，InnSæi就像德語中的Bauchgefühl（譯註：字面意思是「腹部的感覺」，意思是直覺或本能反應），一種直覺的感受或想法。這種知曉自然而然存在，它會出現並告訴你去做對的事，即使你尚未有任何依據支持它。或許這是我們從遠古時期開始就具備的一種能力，當時，我們的本能是攸關生死的決定性因素，對環境的敏感度是生存的必要條件。」

可能有些人比較願意敞開心扉，傾聽這種內在的聲音，這種能力似乎既可以被增強也可以被壓抑。阿爾弗雷繼續說道：

〔直覺〕幫助我從自己的計畫裡解放出來，從不同角度看待事物，對意外之事保持開放……如果你願意根據自己的InnSæi來做出決定，而且這些決定多數的結果是正確的，那麼你會越來越有自信去遵循它。但是當然，我們擁有的知識與經驗對於InnSæi有多好會產生重要的影響。與你共事的人也會學著信任你的直覺，至少在這些直覺多數都能對團隊有幫助的情況下，他們會相信你……

根據阿爾弗雷的說法，情緒智商，也就是「看見」球員「內心」並了解他們想法的能力，是激發團隊最佳表現的關鍵：

我必須了解每個球員在場上的什麼情況下表現最好，什麼情況下表現不好。為了成功運用這一點，我必須花時間與球員建立個人關係，更加了解他們，讓自己對他們培養出更好的感覺和InnSai，以便解讀他們日常裡微妙的行為變化。球員和其他人一樣，各自有不同的偏好。對一個人來說無關緊要的事，對另一個人可能極為重要。這樣的知識有助於預防團隊產生誤解和爭端，因為這類問題如果沒有處理，可能對團隊精神造成嚴重後果。

對阿爾弗雷來說，激發團隊成員的參與感，確保他們對過程有強烈的「主人翁精神」（ownership）是件非常重要的事。他所指導的球員各個來自不同的文化背景，講著不同的語言。「他們必須了解我們正在做什麼，並且願意為了取得成功付出努力。」在阿爾弗雷執教馬德堡（Magdeburg）手球隊的第二個賽季時，他感覺團隊的球員之間在這方面的理解上似乎和諧度不足，因此他決定嘗試一個新策略來加強他們對比賽計畫的主人翁精神。

他過去習慣在戰術會議上自己講解大部分內容，向團隊解釋各種情況下的不同比賽計畫。球員們都興致勃勃、聚精會神地聽他說話，但他仍覺得缺少了些什麼。於是，他決定改變會議的角色分工。在他自己解釋完每一種計畫之後，他請每個球員用自己的話向其他隊員描述比賽計畫。他發現，每個人都覺得自己完全明白他在說什麼，「但結果是，他們的理解都稍有不同，而這對於我們作為一個團隊來說是有影響的。」

他解釋道，身為教練或管理者，你必須對與你共事的人感興趣，了解他們的需求，以及他們在團體中的獨特位置。你必須願意傾聽每個人的觀點，並尊重人們想討論或詢問的內容：

要建立這樣的關係，其基礎是相互信任，以及對團隊裡每個人狀況的真心關懷。另外，也必須基於我願意付出並慷慨分享自身經驗和洞見的意願。當這樣的關係運作良好時，在壓力下做出決定就變得更容易、更單純。有時候，我所做的決定在當下可能看起來並不理性，但由於團隊裡這種共同的經驗，這些決定對我們卻有其意義，而且有效果……

我常常會花大量時間去分析對手，徹底檢視我自己球隊的所有比賽，特別是那些我們輸掉的比賽，或是結果不如預期的比賽。這種工作有時幾近自我折磨。

當他提到「自我折磨」時，他指的是對比賽影片的詳細分析和剪輯，這種工作通常會持續到比賽開始前的深夜。阿爾弗雷會親自完成所有的比賽分析，這符合他認為融入比賽很重要的信念。正如他的球員必須能用自己的話解釋比賽計畫並具體執行戰術一樣，他也認為用手動的方式逐場分析、剪輯比賽畫面非常重要。這能幫助他對比賽和球員有更深刻的感受，而這種方式不可能假手於他人。

身為一名著名教練和前職業運動員，阿爾弗雷．吉斯拉森已經習慣在壓力下，有時是公眾關注下工作。儘管他享受來自對表現的高期望所帶來的壓力，但他也強烈意識到，尋求兩種節奏之間的平衡，為自己「補充能量」有多麼重要。為此，他會在德國的鄉村獨處，讓自己在那裡沉澱下來，騎自行車，養蜜蜂，種植玫瑰、蔬菜和水果等。

在我們對話的最後，他總結道：

我的經驗告訴我，很重要的一點是，要將注意力從壓力和對某些結果的期望中轉移開來，轉向那些能讓時間放慢、幫助我扎根，並讓我的思維自由流動的事情。這幫助我從一己的計畫中解放出來，從不同的角度看待事物，對意想不到的事保持開放。

我一直確保自己定期訓練，現在我主要每週固定騎自行車幾次，一次一點五到二點五個小時。事實上，我最棒的想法大多是在不思考工作的時候出現的。

他在家時總是四處活動，關注自己周圍的環境。「我正在建造一些東西，種植蔬菜，嘗試透過各種實驗來改善土壤。我養了蜜蜂、雞，還種植了幾十種罕見的玫瑰和果樹，其中有一些是我在鄉村騎行中發現的。這些是我的興趣愛好，也是我避免在另一個世界感到筋疲力盡的方式。

對阿爾弗雷來說，這兩種節奏往往感覺像是兩個極端。當他外出工作一段時間，回到家放鬆並投入到自己的愛好時，他說：「幾天後，我會覺得時間變慢了。我能感受到自己變得更加踏實，能夠與那些最重要的事情有所連結。這是一種奇怪的矛盾，因為我同時也認為自己是個腎上腺素上癮者，因為我在壓力下也感覺很好。」

進入「心流狀態」能夠強化我們的InnSæi

我們在第2章首次介紹了馬克．波洛克。他是一位突破極限的運動員，致力於在我們有生之年找到治療癱瘓的方法，並幫助他人發揮最佳表現。馬克透過兩種節奏之間的切換，開發了一種可訓練的方法來優化他與InnSæi的契合狀況。他的洞見來自於多年來的練習、研究、指導和寫作經驗，以及與全球頂尖的生理學家、創新者與科學家合作的經驗。馬克癱瘓的最初幾年，他自願成為實驗的「白老鼠」，供科學家測試新科技並監測他的神經系統反應，因為他的使命是在我們有生之年治癒癱瘓。馬克還以其充滿韌性和保持好奇的心態而聞名，也透過他的教練課程和勵志演講幫助他人抱持這種心態，因此他的知識基礎是廣泛、豐富且具體化的。

如同我們在第3章見到的，馬克利用「心流狀態」進入並啟動他的InnSæi。在這個過程中，他發現自己無論是在身體或心理上，都發揮出他過去不曾意識到自己有能力達到的最佳表現。他解釋道：「當我們進入心流狀態，我們能夠以無意識或直覺的方式來表現，這是當我們的大腦複雜的新皮質或前額葉皮質過度主導，令我們變得太注重邏輯時所無法實現的。」

直覺在傳達的是我們無法理性表述的資訊，那是不能以幾項要點來總結的。直覺所做的是整合來自我們整個身體的訊息，包括我們的感官、內在的存在本質、知識和歷史等，然後從中找到模式來提供答案或線索。關閉大腦的部分區域，讓自己扎根於整個身體，是發揮更高水準表現的關鍵。馬克繼續說：「藉由我致力於治療癱瘓的工作，以及我的運動背景，我了解到我們的身與心是互相連結的，感覺系統和運動系統之間的聯繫，我們甚至仍無法完全理解。因此，內外的連結十分重要，心流狀態能讓我們做到這一點。」

馬克接著解釋我們在整個身體中發現的智慧，他以走路為例。走路對大多數人來說似乎是個簡單的行為，但馬克·波洛克深知這其實非常複雜：

看似簡單的走路，其實並不簡單。在你的環境、身體及其動態互動裡，有數百件事在同一時間發生。你無法有意識地追蹤這一切。走路所需要的複雜系統不能完全由理性的大腦所控制。關於走路的一個重大發現是，當我們行走時，大腦並非在控制一切。事實上，我們有多個大腦；在脊椎底部，還有我們的脊髓也具有智慧，而且與大腦的作用幾乎無關。所以，當我穿著外骨骼並啟用脊椎刺激時，我們正在探索，我是否應該有意識地想著在右腳落地的同時抬起左腿，並啟動臀肌、小腿肌等？這樣會不會比較好？可以說，這太複雜了。也許更好的方式是無意識地行走？正是無意識的狀態讓奇蹟發生，而那正是我們在心流狀態下能夠達到的。

進入心流狀態能提升直覺，並讓我們與自己、他人及周遭世界「保持超連結。」馬克．波洛克這麼說。「如果你總是處於忙碌狀態，快速地在不同的人與地之間切換，你只能停留在很淺的層次運作，包括對自我的淺層反思，與他人的淺層連結，以及對世界其他重大問題的淺層思考。」

要找到一個沒有紀律的空間，需要一定的紀律。

——馬克·波洛克

如今，馬克的工作更偏向於固定的辦公室工作，與他早期在沙漠和冰原上的極限耐力賽南轅北轍，但他喜歡以四年一期的奧運週期方式規劃工作。他制定了年度的關鍵成果領域、季度的明確目標、每週的優先事項，以及每天的行動，逐步實現他的四年計畫。他使用一個稱為「清晰堆疊」的系統，從最上方一個廣泛的「為什麼」陳述開始，逐步往下縮小到具體的每日行動，再反向擴展回到最上方。他解釋道：「我所做的每一件事都是為了激勵人們培養韌性、與他人合作，並達成之前自己認為不可能的目標。那個『為什麼』的陳述能幫助我篩選計畫，確保它們符合我自己設立的三大支柱：韌性、合作與表現。我所做的一切都必須符合這三大支柱。」

清晰是進入心流狀態的主要觸發器，因為心流跟隨的是專注。這時，我們關閉了使我們保持在「分析模式」而非「行動模式」的部分大腦。一個較清晰的架構能為心流創造空間。馬克努力將每週和每日的行動具體化。大致上來說，他的日常安排是：早上利用兩小時的時間進入心流並寫作，然後運動，再回到一個不受干擾的心流時段，持續約一小時，接著用午餐，然後在下午進行會議和通電話，這些事通常比較混亂而且麻煩些。最後，他會回顧當天的表現，確認完成的事項。

至於每日行動的具體目標，可能包括為某個演講撰寫主題，構思他正在撰寫的書籍章節標題，或其他相關工作。他解釋道：「清晰堆疊還幫助我篩選掉所有那些我可能感到興致勃勃的計畫。基本上，我試圖建立過濾機制，讓自己從接踵而至的機會和全球的資訊洪流中解放出來，減輕我加諸自己身上的認知負擔，以便發揮更好的表現。」我們無法完成所有能做的事，關鍵在於依靠內在的羅盤，有能力辨別哪些與自己契合，哪些不契合。

對許多人來說，進入心流狀態或建立心流的生活方式需要一定的紀律。心流不僅能提升表現、提升智力，還能減輕壓力，並重新活化、強化創造力。「我們其實需要創造一個什麼都不做的空間，並將身心的『恢復』規劃融入日常生活中。」馬克說：「要找到一個沒有紀律的空間，需要一定的紀律。」他作為運動員的經驗這時派上了用場：

在心流週期中經歷掙扎、釋放、心流和恢復等現象，我知道從心流那種最佳狀態的感受退出後，感覺可能很糟糕。心流狀態帶來的令人上癮的神經化學物質消失後，你會覺得自己幾乎無法完成任何事，更不用說高效表現了。這時，我們必須將恢復視為高效表現不可或缺的必要條件，包括積極的恢復方式，例如運動、三溫暖、冰浴或海中游泳，或是簡單地睡一覺、放鬆，或大笑一番。

馬克喜歡騎雙人協力車、到健身房健身、參加喜劇之夜。他也會與朋友共進早午餐、去酒吧，或是在放鬆、恢復時收聽體育賽事轉播。

過去我並不明白，身為一名運動員，已經自然地在賽季和賽季後的休息時間中配置了休息和恢復的週期。多年來，我作為運動員的生活其實已經遵循著奮鬥、釋放、最佳表現和恢復的週期，這不僅體現在訓練過程，也體現在賽季期間的比賽後，以及賽季結束後的假期中。當時我並不知道心流這個概念，但我實際上已經過著一種心流的生活方式，其中休息和恢復已經是內建的一部分。」

建立你自己的「清晰堆疊」：

- 定義你的「為什麼」陳述，並用它來決定如何優先分配時間和精力。
- 你的「為什麼」陳述能賦予你清晰感，為心流建立一個架構。
- 架構越清晰，進入心流的機率就越高。
- 路徑能通往各個方向，但「為什麼」將幫助你順應InnSæi，讓它成為你的內在羅盤。
- 將「恢復」視為高效表現的必要條件。對於那些強悍和追求完美的人，充滿笑聲的有趣恢復方式同樣有效！

創造力是一種心境

過去，馬克．波洛克並不習慣將自己視為一個有創造力的人，但心流讓他的創造力得以釋放，讓他發現自己原本以為不知道的答案。他說：「我們開始以無法在過度理性和依賴邏輯的狀態下達成的方式建立創造力連結。」

二〇一五年，馬克接觸到「紅牛」（Red Bull）的一項研究計畫，名為「破解創造力」（Hacking Creativity）。該研究檢閱了超過三萬份科學研究，並訪談了數百位專家。研究顯示，創意是在我們這個快速變化的世界中取得成功的最重要技能，而激起了他的興趣。「然而遺憾的是，他們還發現另一件事，」馬克指出：「那就是要教會人們變得更有創造力極為困難。原因是，創造力不是一種技能，而是一種心境的結果。而心流正是那個能讓我們發揮創造力的心境。」

馬克繼續說：「如果我想變得更有創造力，我必須有意識地創造時間和空間來進入心流狀態，這不是偶然發生的。重點是，心流對創造力有著巨大的影響力。在心流的狀態下，我們對自己的批評少了許多，辨認出模式的能力大幅提升，而這全都能幫助我們解鎖創造力。」

心流與創造力

心流被認為是人類可以提供的最深層形式關注狀態。在這種狀態下，我們跳脫邏輯思維的大腦與雜念，我們失去對時間的感知，完全融入一項任務中。我們平衡了直覺與邏輯兩種節奏，從而導致各種結果，包括提升創造力並達到最佳表現。

進入心流狀態的三個步驟

1. 選擇一個目標。心流需要你將全部的心力刻意集中於一個方向。
2. 這個目標必須對你有意義——你無法對一個不在乎的目標進入心流狀態。

3. 選擇一件接近自己能力極限的事會有所幫助，將你喜歡做的事再往前推進一步，讓它變得更有挑戰性一些。

另外，務必要遵循第4章提到的五個儀式。

變形蟲是一種很小、像果凍般、具高度適應性的細胞，存在於海洋、溪流、湖泊和潮濕的土壤中。有時候，我喜歡在創作過程中或生活發生變化時，把自己看成變形蟲。我覺得這樣看待自己很有趣，它幫助我避免將生活看得過於嚴肅，而且奇妙的是，它讓我覺得在世界上不再那麼孤單——我與變形蟲合而為一！這也恰好是一個很好的比喻，描繪出我們在這樣的過渡時期所經歷的情況。

變形蟲能夠往不同的方向擴展和滲透，以探索它們的環境，並為生存做需要做的事，隨後，它們會收縮回一個更緊密的形狀，有時是一個球形。同樣地，我會想像自己反覆地伸展、收縮，試探水溫和環境，平衡自己的方向感，直到有什麼事感覺對了為止。

「變形蟲」的英文字amoeba源於希臘文amoibe，意思是「改變」。過渡或創造的過程常常讓人覺得像是「進一步，退兩步」，或者像是有一天頭腦清晰、能量爆炸，隔天卻又懷疑自己是否徹底迷失方向。隨著經驗的累積，我學會了接受這些令人心煩意亂的過渡期情緒，並了解到它們其實在創造力和各種過渡期中都扮演重要的角色。信任這個過程是關鍵。我們都在不斷地試探並尋找自己的新形狀。若這個世界是動態的，那麼生活亦是如此，所以要找到契合感需要頻繁地檢視並調整形狀。我們的使命感或方向感會隨著時間改變，因為我們和我們的環境都在變化。我們需要像削鉛筆一樣磨練內在的指南針，它越尖銳，結果就越清晰。而與鉛筆不同的是，我們的內在指南針可以無限次地打磨，因為它是無限的。

變形蟲的比喻只是描述我們與周圍世界如何互動的節奏。這些節奏幫助我們有意識地平衡直覺與理性、創造性與邏輯性、流動性與孤立性，以及宏觀視角與聚焦細節這兩種不同節奏。它們還提醒我們，要在能量耗盡之前填滿油箱，為身體充電，因為我們在蠟燭兩頭燒的情況下必定會耗盡能量。不平衡的節奏會使我們的光芒變得黯淡，讓我們感到迷失。

卓越成就、好點子和日常洞見的核心，就是直覺。事物在你的腦海中匯聚，你連接了這些點，你告訴自己：「啊哈！我知道該怎麼做了。」從我們個人生活的決定，到微軟的創立故事，再到哥白尼、瑪莉娜・阿布拉莫維奇和馬丁・路德・金恩博士的故事，我們在生活的各個方面都能看到這些直覺上的飛躍。世界上充滿了這樣的故事，有些不曾被述說過，有些則記錄在書中，譬如約翰・庫尼歐斯（John Kounios）和馬克・畢曼（Mark Beeman）的《用科學打開腦中的頓悟密碼》（*The Eureka Factor*, 2015）或威廉・杜根（William Duggan）的《策略直覺》（*Strategic Intuition*, 2013）。

更加覺知並有紀律地利用這些節奏，能幫助我們意識到「啊哈！」這種恍然大悟時刻來臨之前發生了什麼事。它能改善兩種思維模式，讓我們在產生決定和創意時，能更有效率、更有意識地將它們結合起來。這是一個施與受的過程。我們給得越多，就能接收到越多。我們不能只是付出，否則會耗盡能量，我們也需要開放自己去接收。創造力是什麼？首先而且最重要的是一種心態、一種存在方式，取決於如何關注以及如何處理我們所注意到的事物。最強壯、最美麗的花朵生長於精心照料的土壤中。

內在與外在的海洋

這是純粹的狂喜，內在與外在的海洋融為一體。

——安立克·薩拉，海洋生物學家與探險家

正如我們在第3章提到的，「國家地理」的探險家安立克·薩拉放棄了大學教職，追隨他真正的熱情——海洋。在學術界，他覺得與海洋生命脫節，彷彿在為世界海洋寫訃文。安立克創立並領導國家地理學會（National Geographic Society）的「原始海洋計畫」，這是一項結合探索、研究與媒體的計畫，旨在啟發各國領袖保護海洋中僅存的野生區域。辭去教職後，為了更深入了解海洋，他大部分的時間都沉浸在海洋中，與海洋融為一體。他在紀錄片《InnSæi》中表示：「我的海洋裡的時光大大地幫助我培養出一種直覺，讓我了解當前的海洋出了什麼問題，以及如何恢復它。」

「InnSæi來自於我們所內化的經驗與知識。只要我們對它保持開放，保持好奇心和學習的熱情，我們的InnSæi就會越來越深刻。」他在我為本書所做的訪問時如此解釋道。

「就像我第一次潛水時，因為太過興奮，不到十五分鐘就把整瓶氧氣用光了，而現在我潛水時，根本不假思索，我就只是穿戴著裝備跳入水中，這件事已經成為我身體的一部分了，InnSæi也是一樣。」他說。他提醒我們：「我們越鎮定，感官就越敏銳。我們能夠讓世界走向自己，並敞開心扉迎接令人驚嘆的時刻。」

「今天，我與海洋已經融為一體。」他下結論道。「完全穩定地漂浮、潛水，我感覺不到自己與海洋之間的區別，甚至連水溫都感覺不到。這是純粹的狂喜，內在與外在的海洋融為一體。」這段關於歸屬感的描述多麼美好！

當安立克不潛水也不航海時，他會在陸地上與「原始海洋計畫」團隊一起規劃、制定策略，並進行游說，目的是保護海洋複雜的生態系統，確保海洋的自然資源獲得更永續的利用。他早期認為，只要人們知道海洋生態系統惡化的科學事實就夠了，但是他錯了，他後來領悟到，人們需要親身體驗，去親眼看見並感受到這些事實，光是理性上知道是不夠的。因此，他與團隊攜手科學家、電影製片人與政策專家，走遍世界各地，啟發人們建立海洋保護區。他們讓各個國家領導人親眼目睹海洋遭受破壞的現狀及其繁榮的樣貌，並在他們決定保護海洋時給予支持。

在他的著作《自然的本質：為什麼我們需要野地》（*The Nature of Nature: Why We Need the Wild*, 2020）一書中，他解釋了為什麼保護與恢復野生的自然環境不僅具有經濟上的實用價值，對我們的生存更是至關重要。對於「改變始於內心」的理解，深深烙印在他的工作與觀點中：

我們身體的原子在數十億年前形成並組成了我們自身。我們現在知道了這一點，同時，我們在觀察著宇宙。這確實是一個奇蹟。當你了解這一點，就明白改變必須從自己開始。所有對世界的感知都在我的心中。我如何回應這個世界，也是在我的心中。地球繞著太陽轉，我們無法改變這件事，但可以改變與其他生命互動的方式，改變我們對世界的詮釋與反應。我們如何使用被給予的有限時間，由我們自己決定。

回歸身體的家園

二〇一九年末，在經歷了一年的高壓工作後，我感到精疲力竭，於是決定與朋友一起參加在美國克里帕魯瑜伽中心（Kripalu Yoga Center）舉辦的、為期一週的瑜伽靜修營。朋友提到她的導師安吉拉·法瑪爾（Angela Farmer）也是靜修營的其中一位老師，她說我一定要認識這位導師。靜修營的第一天早晨，安吉拉進入房間，溫柔而穩重的能量洋溢著整個空間。她當時八十一歲，我記得自己當時想，她看起來像是一棵充滿智慧、堅強而纖瘦的樹木。她修長的雙腿、優雅的手、波浪狀的灰色頭髮和那雙又大又亮的美麗藍眼睛著實令我們著迷，她談到那些永恆的真理時，用詞簡潔又說服力十足，儼然只有智者才辦得到。安吉拉的工作主要是幫助像你和我一樣的人透過身體回歸自我。我們持續一生都必須練習這件事，因為我們的頭腦往往會東飄西蕩、心不在焉，和身體脫節。

那幾天的靜修活動提醒我，身體健康對我們的能量與心態有多麼重要。我看到我的神經放鬆下來、關節鬆開了，思緒清晰，正面與主動的感受逐漸回歸。我剛到那裡時很不合群、脾氣暴躁而且神經緊繃，而現在當我寫下這些字句時，我很感激我的朋友在最初幾天對我的包容。在靜修營的一週裡，我看見參加的人釋放了多年來困擾他們的背痛、髖關節痛、關節痛以及頭痛。

當我為本書採訪安吉拉，並告訴她關於InnSæi的事情時，她談到了個人和集體的痛苦與黑暗，她相信，當今世界上有許多人正在經歷這些，因為現今的環境如此分裂與混亂，受到氣候變化、大流行病、衝突、技術革命、各種令人分心的事物以及社會動盪等所影響。她說我們應該關注自己的痛苦，而不是用分心、藥物或毒品來麻痺它。她說：「重要的是避免麻木我們身體可能感受到的痛苦，只有當我們勇敢傾聽並擁抱這些痛苦時，我們才能透過它來成長。」她談到了身體的美麗與真實，並表示我們不僅需要承認它，還需要與它合而為一。「你不能否認自己的身體，我們過去的一切都糾結在我們的內在。去面對你身體那些糾結的地方，那些痛苦的地方，和它們做朋友，解開它們，讓它們鬆開。每一次我們伸展並打開身體裡的空間，我們會開始發現自己，回歸自我。」她說。

對安吉拉來說，修習瑜伽是一場「屬於自我、抵達自我並經歷自我的旅程」。她補充道：「有些人擁有做大事的能力和力量，但我認為，如果我們能在自己內在做一些事，它們也可以變得非常偉大。」

敬畏的轉化力量

唯一真正的發現之旅……不是造訪陌生的土地，而是擁有新的眼睛。

——馬塞爾・普魯斯特（Marcel Proust），出自《女囚》（*La Prisonnière*, 1923）

我將敬畏的討論留到現在，是因為它總結了本書的許多主題。敬畏是當我們面對某種廣大無垠的東西，因而感到自身如此渺小時所產生的一種情緒。它讓我們的思緒暫時停止，使我們迷失在當下。敬畏這種情緒，超出了我們對世界的理解。它結合了驚奇與一絲的恐懼，迫使我們臣服於神祕，並承認在我們的理解之外還有更多未知事物。當我們見證一個孩子第一次走路，或一位有影響力的領袖勇敢地說出真相時，這種感覺會令我們潸然淚下、起雞皮疙瘩，讓我們倒抽一口氣或全身顫動。我們全副的身心都沉浸在敬畏之情中，而這種感受也會透過一些現象被喚起，例如一場犧牲或一種精湛技藝，或是一片壯觀的自然景觀，如森林、冰河、沙漠或海洋等。但是根據喬・馬錢特（Jo Marchant）在《人類大宇宙》（*The Human Cosmos*, 2020，中文版由遠流出版）一書中的觀點，研究中最可靠且經常使用的一種激發敬畏之情的方法之一，就是讓人們觀看滿天的星空。這將我們帶回到星辰——我們是由星塵做成的，宇宙既在我們之內，也在我們周圍。

直到大約十五年前，關於敬畏的科學研究才開始興起。此前，科學家過去一直專注於研究例如恐懼和厭惡等那些似乎對人類生存至關重要的情緒。然而，根據《敬畏：帶來生命驚奇的新科學》（*Awe: The New Science of Everyday Wonder and How It Can Transform Your Life*, 2023）一書的作者，加州大學柏克萊分校的達契爾・克特納（Dr. Dacher Keltner）博士等人的研究，我們了解到，敬畏也是推動人類進化的一股重要力量。我們之所以能夠生存，部分要歸功於我們像菌絲體一樣的合作能力，能夠建立社群並創造強化共同身分感的文化。這些都是由敬畏的感受所激發的行為與敘事。

研究顯示，我們正因「敬畏感匱乏」而受苦。這是個嚴重的問題，因為敬畏之情能讓我們成為更好的人，讓靈魂的節奏與智力達到平衡，讓我們與InnSæi更加契合，並激發我們人性中最美好的一面。它能幫助我們以更顧全整體的方式運用身體和大腦，讓我們變得更快樂並減輕壓力。它給予我們一種「宏觀視野」，提醒我們自己是更大整體的一部分。

研究還顯示，敬畏能幫助我們專注於當下，而且能改善記憶。感受到敬畏之情能轉化為身體上的效果，活化副交感神經系統，平撫「戰鬥或逃跑」的反應。當我們感受到敬畏之情，我們會表現出更多的興趣，更有創造力，更加好奇，也更能夠專注；我們會更快樂、更沒有壓力，甚至持續數週的時間。感受到敬畏之情時，我們會做出更具道德感的決策，較不關注金錢，更關注地球。敬畏心會將我們的視角從自己轉移到更廣闊的背景，轉向整個地球，轉向更宏大的事物。研究結果顯示，即使是實驗室中激發的輕微敬畏感，也能讓我們的情緒和行為出現顯著的改變。觀看令人生起敬畏心的畫面，似乎能打破慣性的思維模式，使人變得更有創造力，並對世界更感興趣。

當我們滿懷敬畏之情時，大腦的自我感會降低，而且大腦不同區域之間的流動性會增加，我們的創造力和靈活思考的能力也隨之提升。根據喬·馬錢特和像達契爾·克特納博士這樣的研究人員所說，這可能是敬畏能引發持久的態度和性格轉變的原因，這種事對成年人來說可能並不常見。此外，這種狀態可能有助於逆轉我們一生中形成的僵化思維模式，而這些模式可能會抑制我們的擴散性思維與創造力。科學家指出，敬畏的感受透過神經傳導物質血清素發揮作用，可以鬆動我們大腦中僵化的模式和束縛。簡而言之，生起敬畏感能夠改變我們對其他生命、我們自己以及地球的看法。這種轉變思維模式的方式多麼美妙！

大自然、藝術、文化、靈修與靜心冥想等，都能激發敬畏心，但我們往往在許多方面都嚴重低估它們的價值。由於現代人的生活方式、消費和價值定義的方式所致，全球的自然多樣性、生態系統與荒野正以前所未有的速度惡化或完全消失，這在人類歷史上是前所未有的。

前加拿大銀行和英格蘭銀行總裁馬克・卡尼（Mark Carney）在《價值的選擇》（*Value(s)*, 2021）一書中，探討經濟體系對價值的狹隘定義如何阻礙永續世界的實現。他引用王爾德（Oscar Wilde）的話，他說我們似乎知道「所有東西的價格，卻不知道它們的價值」。馬克・卡尼還寫到我們視野的狹隘和觀點的貧乏，這削弱了我們集體的福祉。他以「兩個亞馬遜」為例：一邊是亞馬遜公司，另一邊是亞馬遜雨林。亞馬遜公司一點五兆美元的市值反映了市場對其長期獲利能力的判斷。與此同時，對比之下，唯有當雨林被清理並在新開發的土地上建立牧牛場或大豆種植園時，亞馬遜地區才開始具有市場價值。破壞雨林對氣候和生物多樣性造成的損失並未出現在任何帳冊上，但這些損失卻同樣是真實存在的。

根據二〇一九年聯合國關於生物多樣性和生態系統服務的報告，目前大約有一百萬種動植物正瀕臨滅絕，這個數字比人類歷史上的任何時期都要多。人類及我們飼養的家畜占據地球上所有陸地哺乳動物總生物量的百分之九十六，而野生動物僅占百分之四。地球上那個根本的生命互連網絡正在變得越來越小，也越來越脆弱，而同時，能直接接觸大自然奇觀的人類比例也減少了。造成這種情況的原因有很多，在有些地方，大部分的人甚至無法在夜空中看見星星。「今日光害籠罩著我們的星球，星星幾乎消失了，過去在黑暗的夜空中能看見上千顆星星，但今日在城市裡的我們只能看見幾十顆。天文學家擔心，就連這些很快也會遠遠不敵人造衛星的數量，在美國和歐洲的大多數人根本再也看不見銀河。看著自然遺產這樣逐漸消蝕實在是災難一場，我們與銀河系及浩瀚宇宙之間的連結也會就此消逝。」喬·馬錢特在《人類大宇宙》一書中如此寫道。

研究人員警告說，我們正在剝奪自己的機會，讓自己無法沉醉於世界的浩瀚與美麗之中，而這種敬畏感的剝奪會使我們變得更自私，更物質主義和自戀。這也使我們更沒有能力去縱觀全局，去看見眼前不斷上演的奇蹟。

練習意外的驚喜

「意外的驚喜」（serendipity）是一個與狹隘的聚焦思維相反的概念，聚焦的思維強調集中精神在某個目標上，排除其他一切，而意外的驚喜則邀請你保持寬闊的注意力範圍，好讓自己能夠注意到那些當下在表面上看似與你無關或無用，卻可能具有重大意義的事物。正如約翰．艾達爾（John Adair）在其經典著作《有準備，創意就來》（*The Art of Creative Thinking*, 2007）裡所解釋的：「意外的驚喜是指在無意尋求的情況下，發現有價值且令人愉悅的想法、事物，或者是人。」

以下是幾種練習「意外的驚喜」的方法：

- 將陌生人視為信使。無論是否與他們交談，都可以觀察他們，或打個招呼，微笑致意。如果有人在公車、火車上，或是在超市排隊時想與你交談，試著參與。每個人都是信使。在日記中記下這些互動，注意你如何覺察到這種互動。
- 選擇意想不到的路徑，無論你是身體上還是心靈上在旅行，嘗試有別於平時的路線，這將刷新你的感知與思維。
- 擴展注意力範圍，讓它容納不尋常和意外的事物。過度有條不紊，鉅細靡遺地規劃生活的每個細節，往往會消磨創造力。混亂經常能孕育出新想法與新連結。機會偏愛那些為意外之事做好準備的心靈。

當你保持好奇心，維持寬闊的注意力範圍和多樣的興趣時，你更可能遇到意外的驚喜。

「活著」是世上最稀有的事

「活著是世上最稀有的事。大多數人只是存在。」

——奧斯卡．王爾德，〈社會主義下之人的靈魂〉（The Soul of Man Under Socialism, 1891）

「好美，真是太美了！」一九六一年四月，蘇聯太空人尤里．加加林（Yuri Gagarin）隨著太空船發射被送入軌道，成為第一個飛進太空的人類，幾分鐘之後他如此驚呼。他驚呼的不是星星或宇宙，而是我們的地球。後來，他署名撰寫了一則致全球人類的訊息：「世界上的人們，我們應該保護並改善這樣的美景，而非摧毀！」

喬．馬錢特在《人類大宇宙》一書中熱情地寫道：「我們不斷貶低以個人經驗作為了解世界的重要知識來源這件事。在理解現實方面，個人經驗已經被剔除，取而代之的是抽象的、空間與時間的數學網格座標。」彷彿我們不再是世界的參與者，而是遙遠的觀看者與接收者。她指出，這種現象讓我們對宇宙的視野逐漸消失。

在這個有時似乎處於理性邊緣、比以往更為分裂的世界中，我們需要敬畏感來引導我們成為最佳版本的自己並懷抱勇敢的願景。如果我們能平衡兩種節奏並順應自己的InnSæi，藉此改變重心，我們便更可能體驗到充滿敬畏之情的時刻。這也會讓我們提出的問題、傾聽的答案以及我們如何運用結果帶來更多的啟發。以下是我寫的一首傳達這種意境的詩：

我們
更積極參與
周遭世界
與他人。
我們變得更處於當下，

漫遊進入那未知，
敞開心胸與陌生人相遇，
誰知道，也許他們就是我們的導師。
我們誤解，理解，犯錯，
我們大笑，
忘卻時間。
我們關注自己所關注的，
做著這一切的同時，不做
任何論斷。
我們在見證著，
我們是探險家，
內心是藝術家。
我們體驗著敬畏的時刻，
建立意外的連結，

從混沌中創造出宇宙。
我們潛入更深處，
只為了更具人性，
我們透過探索自己
內在的宇宙
讓自己重新
回到宇宙裡。

我們地球、動植物和人類的當前狀態需要我們以嶄新的眼光看待眼前既存的一切。這個世界是一個活生生的有機體，需要一種全新的世界觀——一場如哥白尼的「日心說」或「地動說」（heliocentrism，指地球繞著太陽運轉，而非反過來）或達爾文的「進化論」和「物競天擇說」那般影響深遠的變革。這個世代需要屬於自己的哥白尼或達爾文主義時刻，但是當然要包含所有性別。我們需要想像力、好奇心、緊迫感，以及對地球的熱愛，才能改變重心，改變我們參與、面對世界的方式。我們如何夢想自己所居住的世界，將定義我們的身分。

沒有人知道未來會如何，我們可以預測、推測，甚至擁有一些洞見，但我們永遠無法真正知道。不確定性才是那個持續不變的。我希望你能懷抱熱情與開放的心態來邁向未知的未來。在艱困時期保持心胸開放可能很難，但是我們能做到困難的事。工作來來去去，你在一生中會從事許多不同的工作——有時甚至同時做好幾份工作。你需要的是一個強大的InnSæi、開放的心態，以及廣泛的技能包，才能在廣闊的前路中找到方向。你的經驗將會很重要，你的教育也很重要，但是你如何善用這些，讓它們在各種處境和任務中發揮作用，將取決於你與自己、他人和自然世界的關係。

InnSæi最重要的禮物之一，是它所帶來的使命感和安全感。當你與內在連結時，你便在這個星球上擁有了深厚的根基，你的尋路能力也會與靈魂相契合。這就是你最堅固的歸屬感、方向感和安全感的來源。從這裡開始，你可以忠於自我的同時，保有寬宏大度的精神。

無懼地生活，順應我們的InnSæi

無懼是愛所追求的目標。愛作為一種渴望是受其目標所驅使的，而這個目標就是免於恐懼的自由。〔……〕這樣的無畏只存在於完全的平靜之中，這種平靜不會再被未來可能發生的任何事件所撼動。〔……〕因此，唯一有效的時態是當下，現在。

——漢娜．鄂蘭（Hannah Arendt），德國哲學家，摘自《愛與聖奧古斯丁》（*Love and Saint Augustine*, 1996）

有些人是開路先鋒，或者是先鋒植物，為整個生態系統的長期生長創造種子和土壤。有些人則更喜歡滋養這片土壤——如果土壤夠多樣化且富含養分，好東西就會從中發芽——他們不必事先知道自己的角色是什麼。他們對這個過程充分信任。有些人難以做出艱難的決定，或對那些已經習慣的事物難以放手，而有些人則像熔岩流，像個勇敢的生態系統摧毀者，為新事物的誕生提供原始基質，讓新物種用來開拓殖民地。

有些人可能希望稍晚一些再加入，為那些已經成為生態系統穩定部分的事物提供成長或平衡的力量。他們可能喜歡成為樹冠層的一部分，也就是樹木最上層，那些構成連續葉層並「監督」森林的那些枝葉。考慮到現今世界的快速變動，這些「樹冠人」可能將來會希望成為開路先鋒。誰知道呢？他們不必永遠扮演某個角色。

濃厚的森林樹冠層會獲得大部分的陽光，因此大多數的植物無法茁壯成長，安立克．薩拉在他的著作《自然的本質》裡如此寫道。森林火災發生時，通常會燒毀地面的上層，將地下的土壤完整保留。安立克寫道：「在那片土壤中，藏著一些植物種子，它們一直在等待自己重見天日。」又是開路先鋒上場的時刻了。我們永遠不知道不遠處有誰或有什麼在等著我們。變化可能很可怕，但是對許多人來說，它們反倒令人興奮，因為他們知道它們會帶來新的花、新的樹、新的植物、新的想法、新的視野。

生活帶給我們各式各樣的豐富體驗，在這連續體的兩端，既有艱難的，也有有趣的體驗。隨時傾聽我們的 InnSai，能幫助我們在機會和挑戰中確定方向並成長。馬克．波洛克深知這一點。「有時我們選擇挑戰，有時挑戰選擇我們，接下來我們決定做什麼，才是最重要的。這是我對所有挑戰的看法，我認為這將控制的點從外在轉向內在。」

馬克從人生的考驗中學習到的，是心理韌性的價值。他堅信我們必須當個現實主義者，而非樂觀主義者：

假設樂觀主義者位於一個連續體最左邊的一端，而悲觀主義者位於另一端，在中間是接受。在樂觀主義者的一端是希望，而悲觀主義者的一端則是絕望。當樂觀主義者僅僅依賴希望時，他們所冒的風險是，如果最好的情況沒發生，他們可能會感到失望；而悲觀主義者的態度則似乎沒有值得考慮之處。現實主義者處於中點偏向希望的一邊。他們和樂觀主義者一樣懷抱希望，但他們首先會接受自身處境的現實狀況。他們透過接受與希望並行的方式，來消除這兩種態度之間的緊張。我在努力練習當一個現實主義者，那就是我對保持心理韌性的理解。

順應你的InnSæi，意味著你在航行於生命的海洋時，能感受到**內在的海洋**，你能**向內看**，而且能**由內向外看**。認識自己、設下界限，了解自己一生中將不斷改變以及這如何運作，都是非常重要的事。InnSæi強大的內在指南針將讓你能夠應付生活的風暴，做出正確的選擇，並在察覺更大背景的同時，專注在重要的事情上。為此，你必須平衡左右兩個大腦半球的工作，正如伊恩．麥吉爾克里斯特描述的那樣，並讓創造與分析、直覺與理性這兩種節奏適當地交織在一起。讓幽默成為你的庇護所，如果需要的話，可以想像自己是一隻變形蟲，反覆擴張並收縮成不同的形狀，一邊探索著尋找自己的道路。

讓你的內在指南針保持強大與靈活，才能持續重塑自我。韋德．戴維斯在《生命的尋路人》一書中寫道：「知識鮮少與權力完全分離，而詮釋往往是出於方便的表現。」他還補充道：「並非所有的人類行為都應該僅僅因為它存在就被接受。」有無數的詮釋在等著我們去發現或分享。我們站在資訊風暴的中心，而我們的注意力是人們爭相爭取的資源，它是極為稀缺的資源，同時也是我們與內在宇宙的連結。對我們來說，最重要的是批判性地思考、消化並探索訊息。學會聆聽內心，它是你在這個世界上最安全的地方。讓你的節奏感越來越深刻，以此方式來尋找自己的路，更盡情地享受真正的自己，享受你帶給這個世界的不完美與美好的價值。

無論是人類還是地球，都需要具有建設性、賦予生命力的勇氣。在討論本書的對話中，捷爾德．蓋格瑞澤如是說：「我上次檢查時，沒發現有膽小鬼的需求。」花些時間與自己相處，處於當下，好讓自己見證InnSæi在你內在激盪，以及它對你周遭環境產生的漣漪效應。正如漢娜·鄂蘭所說，「我們擁有自由去改變這個世界，並在其中開創新事物。」

有些人認為這個世界屬於他們，有些人則認為他們屬於這個世界。在安立克·薩拉的《自然的本質》一書的結尾，他說是時候將我們從「自稱的世界中心轉移，成為更大生物圈中一個謙遜並懂得尊重的一員」了。

我們每個人都有歸屬的需求，它使我們能夠生活並成長茁壯。我們作為整體的一部分而生活並互動。互動能塑造現實樣貌，體現這樣的理解：一切都是那宏偉的生命相互連結之網的一部分。它也鼓勵我們將精神應用在物質上，創造出與外在那美麗世界和諧唱和的鍊金術，讓自己沉浸於一件任務當中，以致忘卻時間，因內在生命力而煥發光彩。在現今的世界裡，我們無論是在提升或壓制地球生命方面都擁有無比巨大的力量，因此我相信與InnSæi的深刻連結不僅能幫助我們理解並做出更好的決定，還能讓我們看見更深邃的山谷和更明亮的色彩，並將敬畏與驚奇的感受重新帶回到我們的生活和他人的生活中。

啟動InnSæi的關鍵要素

* 兩種節奏和強大的內在羅盤是現代的個人和集體導航工具，能夠激發我們的最佳表現。
* 創造力是一種心態；我們可以在自己和他人身上啟用它。
* 我們可以增強InnSæi，也可以壓抑它。
* 我們擁有的經驗、專業知識和信心越多，InnSæi就越強大。
* 流動狀態是人類所能賦予的最深層注意力。
* 在流動狀態下，我們對自己的批判減少，識別模式的能力增強，流動狀態能釋放我們的創造力。
* 流動狀態強化了我們的InnSæi，使我們更加與自己、他人及周遭世界相互連結。
* 敬畏是一種情感，它能改變我們大腦的模式，使我們能夠宏觀全局，讓我們成為

更有創造力和更快樂的人。

*我希望本書能幫助你攪動內心的那片海洋，讓你的內在羅盤更精準，並更常體驗到敬畏和驚奇的感受。

結語

我是為了正開始邁入成年生活的女兒撰寫這本書的，也是為了那些能從我的經驗和探索中獲益的人，無論你多大歲數。要在這個世界中與自己連結並保持腳踏實地是很艱難的。這是由於無數的干擾（包括好的與壞的）、無限的可能性、訊息的超載、極端的分化、暴力、悲傷、假新聞，以及那些常常感覺像是對我們信仰與感官的極端操控所造成。

我相信，世界迫切需要我們善用InnSei的超能力來強化我們的內在羅盤，幫助我們在這動盪的時代中找到正確的方向。看看我寫這本書時的全球狀況，無論是氣候危機、生態系統崩潰、社會分裂、生活成本危機或是衝突，都讓我有時不免擔心，我們可能忘了大家都是人類同胞，住在一個共同的家園。我們都是相互連結的。

在善用InnSæi的精神下，要注意你最需要的是什麼。是尋找內在的平靜並讓頭腦的思緒安靜下來嗎？是與你的情緒共處，並找到釋放它們的方法嗎？是告訴你的至親關於你的InnSæi的事，並希望從今以後在生活中更尊重它嗎？還是你想更深入地探索InnSæi，不僅是為了你的個人幸福，或許是為了你的社群、創意計畫，或是希望在工作中做出更好的決策？你認為，當你讀完這本書後，能支持你順應InnSæi的是什麼？將它寫下來，記錄在你的日記裡。你最了解此刻你最需要的是什麼。順應InnSæi能幫助你知道。

一個善用InnSæi的人會建立一種更開放、更有創意並更富批判性的心態，讓我們以更慈悲的心，懷抱著敬畏、勇氣與愛來體驗我們所處的世界。InnSæi就像一塊需要我們去鍛鍊的肌肉，鍛鍊得越勤快，它就會變得越直觀。

如果你在讀這本書時沒有做練習，也沒有寫日記，我建議你現在就開始做。至少給自己兩個月的時間來做這些練習。如果你跳過了一天，沒關係，你可以第二天再繼續。如果你已經在閱讀本書的過程中做了練習並寫了日記，我建議你挑選幾個InnSæi的關鍵要點，兩到五個技巧和工具，然後將它們融入你接下來六到八週的日常生活中。六到八週後，當你覺得準備好時，便可以換一套新的工具和練習。慢慢地，你會開始將有用的東西融入你的生活。但有一個工具你應該一直留著：注意你所關注的事物，並將它記錄在你的日記裡。不要對它做任何評斷，只要記錄下來即可。寫下來比思考它或大聲說出來更有效果。寫日記能幫助你更處於當下，更加覺知，並為那些消耗你腦力的好點子和想法提供發洩管道。它還能讓你的頭腦變得更清晰。你會開始注意到那些不再有用或無法激發你最佳表現的思想、觀念、偏見或聲音。我們說的最重要的話語，就是我們所想的話和對自己說的話。當你回顧本書的練習和工具時，要對那個即將在你眼前開展的宇宙保持開放。注意你對這份開放性的反應，並將它記錄在日記中。

在這個過程中，請有意識地練習並學習區分兩種節奏，以便善用InnSæi並重新恢復你的能量。務必將自己的經歷記錄下來，注意你沿途的發現。與他人分享你發現的內容，因為這可能會對他們有所啟發。

談論InnSæi，分享你的經驗和想法。告訴你的朋友、同事和家人，問問他們有什麼樣的經驗，InnSæi如何出現在他們的生活中，以及當他們聽從它和未聽從它時發生了什麼事。深深傾聽他們所說的話，因為傾聽是一項有助於InnSæi在世上發揮作用的技能。要記住，每個人都透過不同的語言、詞彙、肢體表現和故事來表達自己，這些可能都與你自己的思考方式不同。要設身處地體會他們的立場，才能深入了解他們的觀點。注意這麼做對你有何影響。

學會注意什麼讓你感到疲憊、什麼讓你充滿能量。我們關注事物的方式決定了我們的能量是否更新，並塑造我們的智慧。若我們專注在相同的事物，我們只會得出類似的結果。若我們能更有意識地去控制注意力，擴展它的範圍，便能更有效運用我們的InnSæi和直覺。我們也會感受到自己的身心健康、能量、創造力以及為世界促成改變的意願，都因而出現了變化。

當你在各種不同的觀點、新聞、發現和理論之間有意識地尋找正確的道路時，無論接觸到的是舊的還是新的智慧，都請用它們來磨練你的InnSæi。想像你的InnSæi是一個稜鏡，透過它來折射這些不同的觀點。注意它激發了你哪些思想和身體感受。將你的反應寫在日記上，這些反應為你確認或教會了你什麼事？別擔心自己無法合理解釋這些想法和反應，只要注意，然後記錄下來即可。你是否開始將原本看似完全無關的資訊點連接起來了呢？

祝福你在InnSæi的旅途中一切順利。請鼓起勇氣，保有一個批判的頭腦和一顆開放的心。若需要陪伴與進一步學習，請訂閱我的電子報並關注我的社群媒體和網站：@hrundgunnsteinsdottir。

懷著愛與尊敬

溫德

致謝

生活大多透過感知來經歷，只有一部分是透過言語，而那正是我開始研究InnSæi及撰寫這本書的方式。起初，我能感覺到它的存在，卻發現難以用言語來解釋。

在我的研究過程中，我始終刻意保持開放、創意和批判的思維來探索不同文化和歷史時期的各種學科、世界觀、修習與思想流派。我閱讀、聆聽、交談並練習，努力深入了解意識與InnSæi，這一過程讓我深刻體會到卡爾・沙根的名言：「智慧在於了解我們的局限。」接受我們不知道所有的事，這正是「內在海洋」的一部分邏輯。在歷史上，我們曾以語文、詩歌、象徵、神話、意象、軼事以及基於科學的研究來詮釋它、表達它。這些年來，有許多人曾幫助我理解並解釋InnSæi。

戰後的科索沃幫助我理解了InnSæi在做決定、制定策略和人際技巧中不可或缺的作用，儘管在個人健康方面，我忽略了自己的InnSæi。感謝科索沃的堅強女性，感謝Flora Macula（譯註：本書內文未出現過的人名，在以下保留原文），帶給我們獨一無二的合作與友誼，並在最艱難的時刻保持絕佳幽默感。我的朋友，作家及視覺藝術家，太早逝的索瓦爾杜·索斯坦松，在我一度遺忘我的創意泉源時，他幫助我重新連接上它。他教會了我在本書中分享的部分關鍵課題，我也依然在實踐它們。我要衷心感謝Gunnlaug J. Magnúsdóttir，在我最需要她幫助的時候出現在我的生命中。她教我如何重新入睡、與自己接上線，並教我如何將InnSæi體現出來。在對兩種節奏下工夫方面上，她帶給我很重要的啟發，也給予我無價的鼓勵，讓我藉由像Prisma和紀錄片《InnSæi》這樣的計畫，將自己的聲音帶入世界。我要感謝演員和導演Margrét Vilhjálmsdóttir，她介紹我認識Marilyn French和旺加里·馬塔伊的作品，並教導我關於藝術視野、遊戲態度、不屈不撓的決心和領導技巧之間的關係。

在學術界和教育界，我要感謝雷克雅維克大學的前校長Svafa Grönfeld，感謝她給予我機會，讓我以兩種節奏和強大的內在羅盤為基礎，設計並教授我在商學院的第一門大學課程。我也非常感謝藝術學院院長Hjálmar Ragnarsson以及他在藝術學院、畢夫柔斯特大學和雷克雅維克學院的同事們：Jóna Finnsdóttir、Ágúst Einarsson、Jón Ólafsson和Viðar Hreinsson，感謝他們信任我，讓我設計並運作我們在二〇〇八年底冰島金融危機後開發並試行的文憑課程Prisma。這是一個非凡的機會，讓我能在一個嚴謹的學術和跨學科學習模組中，進一步發展兩種節奏和敏銳的內在羅盤，並和冰島一群最具影響力的聲音一同參與，包括學術界、藝術界、媒體界的人，以及公私營部門的從業者。

有太多的人名無法一一列舉，但你們知道自己是誰：感謝你們為Prisma貢獻出最好的自己，你們的分享方式讓那些聆聽和參與的人至今仍銘記在心。

深深感謝Prisma課程裡來自各行各業的學生，感謝你們教會了我很多事，還要謝謝我最親密的合作夥伴們，Prisma真正的薩滿和助教們，他們用愛、智慧和奉獻的精神，引導學生們透過這種非常規的教學方法，激發出每個人的最佳潛能：Hildigunnur Sverrisdóttir、Sólveig Ólafsdóttir、Sigurður Jónas Eysteinsson和Hallmar Sigurðsson，後者太早離世，我們深深懷念他。

在Prisma計畫之後，我希望在一個新的背景下探索InnSæi和兩種節奏。我的英國朋友，電影製片人和導演Kristín Ólafsdóttir也和我有同樣的熱情，於是我在二〇一〇年向她提出了一個英語紀錄片的提案，片名為《InnSæi》。我非常感謝她信任這個想法，也信任我這個初試啼聲的電影製作人。她將《InnSæi》傳播至全世界的領導力、她身為電影製作人的勇氣，以及她在剪接工作和從複雜資訊裡凸顯核心訊息方面的才華，都令我敬佩不已。我要感謝我們出色的電影製作和編輯團隊，主要是由女性成員所組成，包括Sandra Tabares-Duque、Faye、Heather Millard、Al Morrow、Lindy Taylor、Sotira Kyriacou和Nick Fenton。另外，感謝將電影的關鍵訊息生動呈現的視覺藝術家和音樂家們，Úlfur Eldjárn、Högni Egilsson、Linda Loeskow、Tim Borgmann，謝謝你們的指導，分享協同創作與難忘的時刻。

我還要感謝加拿大詩人、排版師和《意義之樹：語言、頭腦和生態學》（*The Tree of Meaning: Language, Mind and Ecology*）一書的作者Robert Bringhurst；攝影師和藝術家Shirin Neshat；《創意人》（*Creative People*）的作者Gordon Torr；靈性領袖及婆羅摩庫瑪立中心（Brahma Kumaris）的前領導人Dadi Janki；環境女權主義者及作家Starhawk，以及我的朋友，神經科學家、企業家和DJ Olivier Oullier，以及藝術家Guðmundur Oddur Magnússon，他們在《InnSæi》電影的研究訪談中扮演了重要的角色。感謝Sigridur

Thorgeirsdóttir、Henry Alexander Henrysson、Fridgeir Einarsson、Gudrun Nordal、Ellert Þór Jóhannsson等人，還有許多其他人，感謝你們與我的對話，讓我有勇氣將冰島語中的innsæi這個詞語介紹給大眾。

同樣地，深深感謝我們在電影最終的剪輯版本中出現的受訪者：表演藝術家瑪莉娜・阿布拉莫維奇、靈性領袖Marti Spiegelman、Shylo Robinson，薩滿和作家Malidoma Patrice Somé、哈佛大學商學院教授Bill George、哈佛行為經濟學家Iris Bohnet，以及我的朋友，開拓者Tan Le與「哈佛國際談判計畫」創辦人兼主任丹尼爾・夏皮羅。特別感謝我的朋友安立克・薩拉，他也為本書提供了訪談內容，還有伊恩・麥吉爾克里斯特，他在電影和本書中都占有一席之地。還要深深感謝Anna Garðarsdóttir、古德倫・諾達爾、捷爾德・蓋格瑞澤、馬克・波洛克、麗貝卡・格蘭傑-艾利斯和安吉拉・法瑪爾，感謝你們帶來滋養性對話，並懷著信任將你們的智慧和故事賦予本書。

April Rinne、Jerry Mikalsky、Valerie Keller、Sasja Beslik、Felicity Von Peter、Joanna Sparber、Lisa Witter、Michele Wucker和Álvaro Fernández Ibáñez，感謝你們在將InnSæi帶入世界的過程中給予的支持。吉瑪・莫滕森和艾瑪・斯凱，感謝你們的友誼、支持、徒步

旅行、共同創作和開放的心。感謝Julia Novy-Hildesley帶著我和女兒進入秘魯亞馬遜熱帶雨林的心臟地區，讓我們更加根植於地球壯麗的美景和複雜的生態系統中。

Andrea和Hrönn，感謝你們的愛與機智，謝謝你們一直陪伴在我身邊。感謝Regína、Henry、Rósa、Snæbjörn、Ragna、Louise、Selma、Birna和Björk，感謝你們的友誼和支持。Sigurjón Eiðsson，我女兒的父親以及我二十四年來的夥伴，感謝你的一切。我的兄弟姐妹Sif、Guðný和Skúli，感謝你們守護我度過人生的高低起伏。我永遠不會承認我是個要求苛刻的小妹，但我會告訴任何人，你們讓我的世界更美好。感謝我的父母Gunnsteinn Skúlason和Sigrún Gunnarsdóttir，感謝你們的藝術與企業家精神、你們給予的愛和無條件支持。

我要向我的經紀人Jane Graham-Maw致上最深的謝意，感謝她在二〇二〇年底將我從一群作家裡拉拔出來，給予我機會，並在整個過程中耐心地指導我。還要深深感謝我在Lagom和Bonnier Books出版社的傑出編輯：總編輯Michelle Signore和助理編輯Lucy Tirahan。

撰寫這本書的過程是我生命中收穫的最美麗和最慷慨禮物之一。感謝我的至愛阿爾弗雷・吉斯拉森，衷心感謝你最初接受了和我一起進行訪談，並感謝所有隨後發生的一切，包括百香果、章魚世界，以及所有幫助我完成這份手稿的茶。

這本書是寫給我最偉大的導師和生命中最大的一份禮物：我的女兒蘭恩和席芙。**要勇敢，讓心胸保持開放**。我愛你們。

國家圖書館出版品預行編目 (CIP) 資料

覺察你的內在海洋：來自冰島的人生哲學，帶領你提升直覺，療癒並重啟自己 / 溫德・根斯坦朵提 (Hrund Gunnsteinsdóttir) 著；蔡孟璇譯 . -- 初版 . -- 臺北市：遠流出版事業股份有限公司 , 2025.05
面；　公分
譯自 : Innsæi : heal, revive and reset with the Icelandic art of intuition.
ISBN 978-626-418-156-3(平裝)

1.CST: 自我實現 2.CST: 人生哲學

177.2　　114003665

YL遠流博識網
http://www.ylib.com
Email: ylib@ylib.com

覺察你的內在海洋

來自冰島的人生哲學，
帶領你提升直覺，療癒並重啟自己

Innsæi : heal, revive and reset
with the Icelandic art of intuition

作者——溫德・根斯坦朵提 Hrund Gunnsteinsdóttir
譯者——蔡孟璇
主編——蔡曉玲
美術設計——王瓊瑤
校對——黃薇霓

發行人——王榮文
出版發行——遠流出版事業股份有限公司
地址——臺北市中山北路一段 11 號 13 樓
客服電話——02-2571-0297
傳真——02-2571-0197
郵撥——0189456-1
著作權顧問——蕭雄淋律師

2025 年 5 月 1 日　初版一刷
定價——新臺幣 399 元
（缺頁或破損的書，請寄回更換）

ISBN —— 978-626-418-156-3